海外农业研究中心 ● 智库报告
Center for International Agricultural Research,CAAS

"一带一路"国家
农业发展与合作——中亚五国

哈萨克斯坦　乌兹别克斯坦　土库曼斯坦
吉尔吉斯斯坦　塔吉克斯坦

◎ 聂凤英　张　莉　主编

中国农业科学技术出版社

图书在版编目（CIP）数据

"一带一路"国家农业发展与合作．中亚五国／聂凤英，张莉主编．—北京：中国农业科学技术出版社，2018.12
ISBN 978-7-5116-3909-7

Ⅰ．①一… Ⅱ．①聂… ②张… Ⅲ．①农业合作—国际合作—研究—中国、中亚 Ⅳ．① F32 ② F336

中国版本图书馆 CIP 数据核字（2018）第 218640 号

责任编辑　穆玉红　徐定娜
责任校对　贾海霞

出 版 者	中国农业科学技术出版社
	北京市中关村南大街 12 号　邮编：100081
电　　话	（010）82106626（编辑室）（010）82109702（发行部）
	（010）82109709（读者服务部）
传　　真	（010）82106626
网　　址	http://www.castp.cn
发　　行	各地新华书店
印 刷 者	北京建宏印刷有限公司
开　　本	880 mm × 1 230 mm　1/16
印　　张	10.75
字　　数	228 千字
版　　次	2018 年 12 月第 1 版　2018 年 12 月第 1 次印刷
定　　价	180.00 元

◁版权所有·侵权必究▷

《"一带一路"国家农业发展与合作——中亚五国》
编 委 会

主　　任：吴孔明

副 主 任：贡锡锋　　孙　坦　　金　轲

主　　编：聂凤英　　张　莉

副 主 编：曲春红　　张　晶

编写人员：张　晶　　孔繁涛　　吴建寨　　司智陟　　韩亚恒
　　　　　王　琼　　李　捷　　宋庆平　　沈　辰　　周向阳
　　　　　彭　华　　张洪宇　　张利召　　包艳丽　　合斯莱提·斯马依
　　　　　王田田　　唐　文　　依米娜·克里木　　张书捷
　　　　　孙鲁云

序

在当今世界经济复苏缓慢，全球产业结构和国际投资贸易格局深度调整的背景下，习近平总书记2013年提出的共建"丝绸之路经济带"和"21世纪海上丝绸之路"倡议，得到了国际社会的广泛支持。"共建'一带一路'，实现共赢发展"对促进区域经济一体化和加强区域互联互通发挥了重要作用。"一带一路"倡议给沿线国家人民带来了实实在在的好处，为构建共商共建共享的全球治理新机制贡献了中国智慧。

人口增长、资源约束和消费结构升级对我国农业发展提出了新的挑战。党的"十八大"以来，党中央把农业"走出去"摆在了更加突出的位置，习近平总书记提出"要加快推动农业走出去，增加国内农产品供给"。保障国家食物安全，要求我们"统筹利用两个市场两种资源"，在全球范围内实现农业资源的优化整合和农产品市场的深度开发，构建开放互利共赢的农业对外合作新格局。

"一带一路"沿线国家高度重视农业发展，但由于自然条件和政治、经济、社会等多方面因素的影响，多数国家都面临区域农业发展不平衡，缺乏有效农业合作机制和农业科技支撑力度不足等问题。"一带一路"倡议为加强区域农业合作带来了难得的历史机遇，通过促进区域内农业要素有序流动，可以使沿线国家更好地发挥比较优势，增加世界农产品的有效供给。

改革开放40年来，中国农业产业和科技发展取得了长足的进步，积累了大量"一带一路"国家可以利用和借鉴的技术和管理经验。近年来，中国的农业科技已大量走出国门，在100多个国家和地区援建了270多个农业项目，"绿色超级稻"已经有78个品种在18个亚非国家审定和推广，"中棉系列"棉花新品种和植棉技术大幅提高了中亚国家的棉花产量。动物疫苗、生物防治技术和产品等为亚洲和非洲农业生产提供了重要保障。国内对外农业投资热情高涨，境外注册设立的农林牧渔类企业达1300多家，覆盖了105个国家和地区。农业"走出去"的新常态对海外农业战略研究提出了新的要求。我们需要建立全球农业数据中心，加强海外农业战略高端智库建设，为政府和企业农业走出去工作提供信息服务和技术支撑。

在农业农村部和中国工程院等部门的支持指导下，中国农业科学院海外农业研究中心系统开展了海外农业的研究工作。《"一带一路"国家农业发展与合作》系列丛书汇编了对重点国家的智库研究成果，编写过程中得到了农业农村部相关机构、中国农业科学院部分研究所以及云南、广西、新疆、内蒙古和黑龙江等省（自治区）级农科院、农业高校的大力支持。

丛书按地区分为东北亚四国、东南亚十一国、南亚七国、中亚五国、中东欧十六国、独联体及其他六国和西亚北非十六国共七个分册，系统梳理了"一带一路"沿线65个国家的基本国情和农业发展情况，从经济、贸易、投资和科技多角度分析了重点国家的农业投资环境、农业合作重点领域和发展潜力。丛书内容丰富、系统性强、信息量大，为中国农业对外合作和农产品贸易工作者提供了高水平的专业性参考，对服务中国农业国际合作和推动农业"走出去"工作有重要价值。

中国农业科学院副院长
中国工程院院士
2018年12月

目 录
CONTENTS

哈萨克斯坦

- 一、国家基本概况 ·· 2
  - （一）自然地理 ·· 2
  - （二）人口状况 ·· 3
  - （三）政治制度 ·· 4
  - （四）社会和经济发展状况 ·· 4
- 二、农业发展现状 ·· 6
  - （一）农业资源条件 ·· 6
  - （二）农业生产情况 ·· 7
  - （三）农产品贸易情况 ·· 16
  - （四）农业科技发展 ·· 20
  - （五）农业管理体系与政策 ······································ 22
- 三、农业投资环境 ·· 28
  - （一）国家商业环境 ·· 28
  - （二）农业优势与潜力 ·· 30
  - （三）风险分析 ·· 31
  - （四）总体评价 ·· 32
- 四、中哈农业合作现状与合作重点 ·································· 32
  - （一）合作现状 ·· 32
  - （二）合作潜力 ·· 37
  - （三）合作重点 ·· 40

五、中哈农业合作建议······42
 （一）合作领域······42
 （二）合作推进方式······42
 （三）合作措施建议······43
参考文献······44

乌兹别克斯坦

一、国家基本概况······48
 （一）地理位置与人口情况······48
 （二）政治与经济情况······48
二、农业发展现状······49
 （一）农业资源条件······49
 （二）农业生产情况······51
 （三）农产品贸易情况······56
 （四）农业科技发展······59
 （五）农业管理体系与政策······60
三、农业投资环境······63
 （一）国家商业环境······63
 （二）农业优势与潜力······64
 （三）风险分析······64
 （四）总体评价······67
四、中乌农业合作现状与合作重点······67
 （一）合作现状······67
 （二）合作潜力······70
 （三）合作重点······71
五、中乌农业合作建议······73
 （一）国家层面······73
 （二）企业层面······74
参考文献······74

土库曼斯坦

- 一、国家基本概况 ····· 78
  - （一）地理位置 ····· 78
  - （二）人口与民族 ····· 78
  - （三）政治制度 ····· 79
  - （四）社会与经济发展状况 ····· 79
- 二、农业发展现状 ····· 80
  - （一）农业资源条件 ····· 80
  - （二）农业生产情况 ····· 81
  - （三）农产品贸易情况 ····· 84
  - （四）农业科技发展 ····· 86
  - （五）农业管理体系与政策 ····· 87
- 三、农业投资环境 ····· 89
  - （一）国家商业环境 ····· 89
  - （二）农业优势与潜力 ····· 90
  - （三）风险分析 ····· 90
  - （四）总体评价 ····· 91
- 四、中土农业合作现状与合作重点 ····· 92
  - （一）合作现状 ····· 92
  - （二）合作潜力 ····· 93
  - （三）合作重点 ····· 95
- 五、中土农业合作建议 ····· 96
  - （一）坚持以政策方针为导向积极开展农业合作 ····· 96
  - （二）进一步挖掘在农业经济技术领域的合作深度 ····· 97
  - （三）努力开创良好的合作环境与交流平台 ····· 97
  - （四）加大对农业合作的投资力度 ····· 97
  - （五）充分利用好双边投资协定、税收协定等条约 ····· 97
- 参考文献 ····· 98

吉尔吉斯斯坦

- 一、国家基本概况 ·· 100
  - （一）地理位置 ·· 100
  - （二）人口概况 ·· 100
  - （三）区域划分 ·· 101
  - （四）政治制度 ·· 102
  - （五）社会和经济发展状况 ·· 102
  - （六）同中国的关系 ··· 105
- 二、农业发展现状 ·· 105
  - （一）资源情况 ·· 106
  - （二）农业生产状况 ··· 108
  - （三）农产品贸易状况 ··· 113
  - （四）农业科技发展 ··· 115
  - （五）农业管理体系和政策 ·· 116
- 三、农业投资环境 ·· 118
  - （一）国家商业环境分析 ··· 118
  - （二）风险分析 ·· 123
- 四、中吉农业合作现状与合作重点 ··· 125
  - （一）农业合作现状 ··· 125
  - （二）合作潜力 ·· 127
  - （三）合作重点 ·· 128
  - （四）合作思路 ·· 130
- 五、中吉农业合作建议 ··· 131
  - （一）加强中吉相关部门间的合作 ·· 131
  - （二）深化中吉农业领域合作 ··· 131
  - （三）提升中国农产品竞争力 ··· 132
- 参考文献 ·· 133

塔吉克斯坦

- 一、国家基本概况 ··· 136
  - （一）地理区划 ·· 136
  - （二）人口构成 ·· 136
  - （三）政治制度 ·· 137
  - （四）经济和社会发展 ··· 137
- 二、农业发展现状 ··· 138
  - （一）农业资源条件 ·· 138
  - （二）农业生产情况 ·· 139
  - （三）农产品贸易 ··· 142
  - （四）农业管理体系与政策 ······································· 143
- 三、农业投资环境与风险 ··· 145
  - （一）农业投资环境分析 ·· 145
  - （二）农业投资风险分析 ·· 147
- 四、中塔农业合作现状与特点 ··· 149
  - （一）农业合作现状 ·· 149
  - （二）农业合作潜力 ·· 151
  - （三）农业合作重点 ·· 154
  - （四）合作方式 ·· 156
- 五、中塔农业合作建议 ·· 157
  - （一）促进双边农产品贸易的建议 ······························ 157
  - （二）加强农业投资合作的建议 ································· 158
- 参考文献 ·· 159

哈萨克斯坦

哈萨克斯坦地处中亚大陆，领土横跨亚欧两洲，是世界上面积最大的内陆国家。位于北温带，具有发展农业的良好条件，是世界产粮大国之一。近几年，哈萨克斯坦农业总产值占GDP的比重基本保持在7%左右，2017年，哈萨克斯坦农业总产值为4.10万亿坚戈，较2016年增长2.9%，其中，种植业产值占55.4%，畜牧业产值占43.9%。哈萨克斯坦作为中国的友好邻邦，近些年两国合作关系越来越密切。中哈双方的"一带一路"建设和"光明之路"新经济政策对接合作意义重大，双方在倡议框架内深化产能与投资合作，加强互联互通，深化基础设施建设、交通物流、贸易、制造业、农业和旅游领域合作。在农业领域，中哈两国可以通过扩大农产品贸易规模，强化贸易合作；通过加大农业直接投资，深化投资合作；通过加强农业技术推广，推动科技合作。

一、国家基本概况

哈萨克斯坦共和国（简称哈萨克斯坦）国土面积广阔，大部分为平原和低地。光热资源丰富，境内水资源较为丰富，能够满足该国生产和生活用水的基本需求。在苏联时期，哈萨克斯坦的农业生产基本实现了机械化和规模化经营，为后期种植业和养殖业的发展奠定了较为坚实的基础。哈萨克斯坦于1991年12月16日独立，首都阿斯塔纳，国语为哈萨克语，民族交流语言为俄罗斯语，货币单位坚戈。由于哈萨克斯坦是粮食生产和粮食出口大国，其对保证中亚各国的粮食安全发挥着重要且特殊的作用。

（一）自然地理

哈萨克斯坦位于北纬55°26′～40°56′，东经45°27′～87°18′，国土面积272.49万平方千米，居世界第9位。哈萨克斯坦约有15%的土地为欧洲部分，其中欧亚次大陆地理中心位于哈萨克斯坦。国境线总长度超过1.32万千米，西濒里海（其中海岸线长1730千米），北临俄罗斯，东南与中国、土库曼斯坦毗临，南与乌兹别克和吉尔吉斯斯坦接壤。哈萨克斯坦的地形十分复杂，境内多为平原和低地，差别较大，特点是东南高、西北低。全境处于平原向山地过渡的地段，其中境内60%的土地为沙漠和半沙漠。哈萨克斯坦的东部和东南部是崇山峻岭和山间盆地，东北部有图兰平原，北部有哈萨克丘陵与西南缘相连接，西部和西南部的里海沿岸地势最低。

（二）人口状况

哈萨克斯坦人口1792.65万人[①]，由130余个民族组成。其中，哈萨克族占总人口的63.7%，是哈萨克斯坦人数最多的民族；其次是俄罗斯族，占23.7%[②]，其他民族还有乌兹别克族、白俄罗斯族、鞑靼族、高丽族等。对于宗教信仰，居民大多信奉伊斯兰教，其他还有天主教、东正教、犹太教等。

1. 人口分布

据哈萨克斯坦最新的人口普查数据，截至2017年1月1日，为1792.65万人，同比增长1.4%。其中，女性占51.8%，男性占48.2%。在哈萨克斯坦的华人数量较少，除历史上从中国迁徙至哈萨克斯坦的"东干人"以外，近些年来还陆续从中国新疆维吾尔自治区伊犁哈萨克自治州迁居了部分哈萨克族人。这些华人主要集中在哈萨克东南部地区的阿拉木图州和东哈州。自中国进入哈萨克斯坦经商的流动人口尚无确切统计数据，哈萨克斯坦有关部门估计约4万～5万人，主要集中在阿拉木图市，从事中国商品批发业务。

2. 人力资源

2016年哈萨克斯坦农村人口832.39万人，较2015年增1.5%，占总人口的46.8%（图1）。

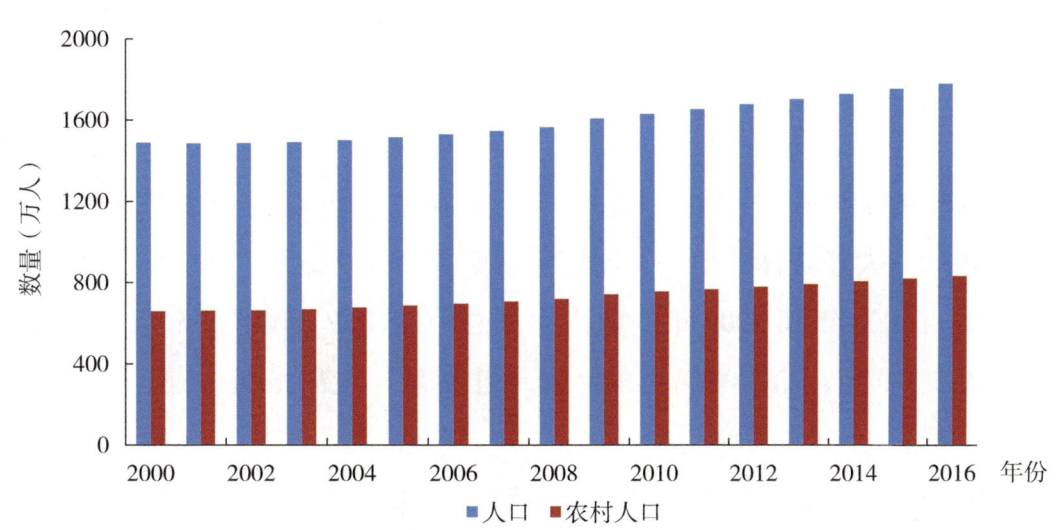

图1　2000—2016年哈萨克斯坦人口与农村人口数量变化

数据来源：世界银行

[①] 数据来源：哈萨克斯坦人口普查
[②] 数据来源：哈萨克斯坦驻华大使馆

农村人口占比变化不大，近5年保持46.5%以上。农村人口增速在2000—2009年不断提高，2009年达到最高点3.1%，之后逐渐趋缓。哈萨克斯坦全国劳动力总数为923.08万人，失业率约5.2%，劳动力失业率呈不断下降的趋势。2015年农业就业人员占就业人员总数的18.0%，其中农业男性就业人员占男性就业人员的百分比略高于农业女性就业人员占女性就业人员的百分比[①]。

（三）政治制度

哈萨克斯坦的国名来自其主体民族哈萨克族。16世纪及以前，突厥民族是在哈萨克斯坦境内生活的主要民族。到18世纪初期，俄罗斯帝国将哈萨克斯坦全境吞并，从此沦为俄罗斯帝国的殖民地。因此，哈萨克斯坦的民族和文化是伊斯兰文化、突厥文化和斯拉夫文化的结合体。

哈萨克斯坦有两个直辖市和14个州。哈萨克斯坦是推行总统制的共和国国家。总统是国家元首，总统可以任命总理、副总理以及外交、国防、财政、内务部长和国家安全委员会主席。在具体的实施上，以宪法和法律为基础，根据立法、司法、行政的相互作用、相互制约、相互平衡的三权分立的原则行使职能。哈萨克斯坦从独立以来国内注册的合法政党数量在不断变化，目前主要有哈萨克斯坦"祖国之光"人民民主党、社会民主党、共产党等。

（四）社会和经济发展状况

根据世界银行的统计数据，2000—2007年，哈萨克斯坦GDP增长率平均为8.0%，是世界上发展最快的三大经济体（中国、印度、哈萨克斯坦）之一。2008年金融危机对哈萨克斯坦影响较大，2008年和2009年的国内生产总值（GDP）增长率较低，但是仍保持了一定的增长。在2010年，哈萨克斯坦的经济迅速回到了金融危机之前，GDP的增长率达7.3%。

近几年，哈萨克斯坦的经济增长速度相对较慢，2017年，哈萨克斯坦GDP为1581.42亿美元[②]，在2016年较2015年减少25.5%的基础上有所上涨（图2）。

---

① 数据来源：世界银行
② 数据来源：哈萨克斯坦国家统计署

图 2　2000—2017 年哈萨克斯坦 GDP 值与增长率变化

数据来源：世界银行，哈萨克斯坦国家统计署

2000—2008 年，哈萨克斯坦农业增加值逐步增加，受金融危机影响，2008—2010 年有所降低，之后波动增长，2016 年农业增加值为 85.82 亿美元，较 2015 年增长 5.5%（图 3）。

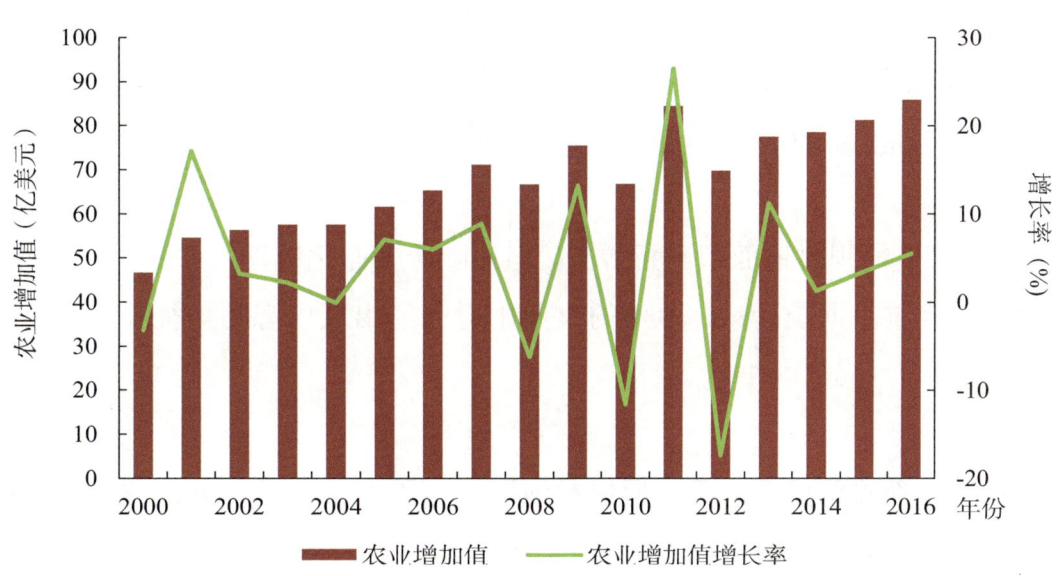

图 3　2000—2016 年哈萨克斯坦农业增加值与增长率变化

数据来源：世界银行

二、农业发展现状

（一）农业资源条件

1. 气候条件

哈萨克斯坦地处中亚大陆，地理位置远离海洋，气候表现为夏季炎热、冬季寒冷的典型温带大陆性气候。其中1月平均气温-19～-4℃，7月平均气温19～26℃。现有统计的历史记录最高和最低气温分别为49℃和-57℃。

由于国土面积大，哈萨克斯坦境内东西南北各地气候有较大的差异。北部自然条件与英国南部和俄罗斯中部相似，南部的自然条件与外高加索及南欧的地中海沿岸国家相似。

哈萨克斯坦北方少数城市（如彼得罗巴甫洛夫斯克、科斯塔奈、科克奇塔夫、巴甫洛达尔和阿斯塔纳等）因接近西伯利亚，气候较为寒冷；南部地区（如希姆肯特、克孜勒奥尔达等地）的气候比较温和。

2. 土地资源

哈萨克斯坦地广人稀，可用地面积为2.22亿公顷，土地资源以农业用地为主。农业用地约2.17亿公顷，占土地面积的80%左右。其中，耕地面积2939.50万公顷，人均耕地面积为1.70公顷，耕地面积占土地面积的10.9%。每年农作物播种面积约1600万～1800万公顷，其中，谷物面积为1458.01万公顷，占全部耕地面积的49.6%。广阔的耕地面积是哈萨克斯坦粮食生产和发展的重要保障，但是人均耕地面积持续下降，2014年较2000年减少16.3%。

近年来，哈萨克斯坦耕地面积不断增长，但伴随着工业化进程的加快，土地污染和土地沙漠化问题日益严重。据统计，66.0%的农业用地已经出现生态污染征兆，甚至有些农业用地污染严重。

3. 水资源

哈萨克斯坦水资源总量不缺乏，但供给地区分布不均衡、总体利用率低。哈萨克斯坦单位面积可利用水资源量为3.7万立方米/平方千米，年人均可用水量为6000立方米。水资源总量中河水占94%，水库占3%，湖泊为3%。除山地外，其他地区降水比较稀少，全境年均降水量为250毫米，且70%～85%的降水发生在冬季，即从10月—翌年4月。降雪通常发生在11月，夏季降水多以强雷风暴形式出现，偶尔会诱发洪水。哈萨克斯坦水资源的56%是在境内形成的，其余的来自周边国家。全境按水资源需求程度划分为八大流域，分别是咸海—锡尔河、巴尔喀什湖—阿拉湖、额尔齐斯河、乌拉尔河—里海、伊希姆河、努拉河—萨雷苏河、楚河—塔拉斯河以及托博尔河—图尔盖河流域。其中额尔齐斯河流域水资源最为丰富，水资源量达43.8立方千米。托博尔河—图尔盖河流域水资源最为贫瘠，水资源总量估计仅2.9立方千米。面积最大的是乌拉尔河—里海流域，面积达41.5万平方千米。全球气候变暖导致哈萨克斯坦冰川积雪融化加快、面积减小，进而引起自然界水循环发生重大变化以及淡水资源的短缺。哈萨克斯坦东部的东哈萨克斯坦等州水资源丰富而灌溉地少，南部和中部灌溉区的克孜勒奥尔达、江布尔和南哈等州灌溉耕地多而水资源相对缺乏。加之不合理的利用、浪费和污染，致使不少地区严重缺水，水资源问题已经成为制约哈萨克斯坦农业可持续发展的主要因素之一。

4. 生物资源

哈萨克斯坦是全球生物多样性最丰富的国家之一，同时也是生物多样性遭受威胁最严重的国家之一。据统计，哈萨克斯坦境内有835种栖息脊椎动物、49种喙头目动物和3种圆口动物。哺乳动物物种总数为164种，其中一半为代表性的啮齿目物种。

由于近年来自然景观退化和自然栖息地面积的缩减，再加上水和土地资源管理利用的不合理，哈萨克斯坦荒漠化越来越严重。重金属污染、森林开发（如大规模开发泰加林[①]）和对哺乳动物的狩猎等人类活动，使其生物多样性受到严重的威胁。近些年来，哈萨克斯坦的物种种类不断减少，有些物种甚至消失。据哈萨克斯坦濒危物种红皮书数据，列入红皮书的数据有297种，消失的有71种，濒危物种101种，稳定物种125种。

（二）农业生产情况

1. 农业产值规模及构成

据哈萨克斯坦国家统计数据，2017年农业总产值4.10万亿坚戈，同比提高2.9%。哈萨克斯坦的农业以畜牧业和种植业为主。根据哈萨克斯坦统计局数据，种植业总产值在经历了2012年的大幅下降后近几年持续快速增长，2017年增长至22690亿坚戈，占比55.4%；畜牧业总产值稳中有升，达18000亿坚戈，占比43.9%（表1）。

近些年，畜牧业产值占农业总产值的比例整体呈增长趋势，在2010年和2012年超过了种植业产值。其中，种植业主要作物是小麦、大麦、玉米、水稻和燕麦；蔬菜作物主要是马铃薯、番茄、洋葱、胡萝卜和甘蓝；油料作物等经济作物主要是向日葵、亚麻、油菜、大豆和棉花。近两年，在哈萨克斯坦全国各地同时出现农业快速连续增长的状况，十多年来尚属首次。

---

① 泰加林（Taiga）是世界上最大的而且也是独具北极寒区生态环境的森林带。

表1 哈萨克斯坦农业产值及增长情况 （单位：万亿坚戈）

年份	农业总产值	比上年增长%	种植业产值	比上年增长%	种植业占比%	畜牧业产值	比上年增长%	畜牧业占比%
2001	0.53	—	0.33	—	61.1	0.21	—	39.0
2002	0.56	4.5	0.33	-0.2	58.4	0.23	11.6	41.6
2003	0.62	10.4	0.36	9.3	57.8	0.26	11.9	42.2
2004	0.70	13.6	0.39	10.0	56.0	0.31	18.4	44.0
2005	0.76	9.3	0.40	2.3	52.4	0.36	18.2	47.6
2006	0.85	11.7	0.43	8.1	50.7	0.42	15.7	49.3
2007	1.12	31.5	0.63	45.8	56.2	0.49	16.7	43.8
2008	1.38	23.4	0.76	20.7	55.0	0.62	26.9	45.0
2009	1.64	18.5	0.94	23.1	57.1	0.70	12.9	42.9
2010	1.44	-12.0	0.66	-29.3	45.9	0.77	10.1	53.7
2011	2.36	63.5	1.26	90.5	53.5	1.06	36.5	44.8
2012	1.94	-17.8	0.92	-27.3	47.3	1.02	-3.9	52.4
2013	2.46	26.7	1.33	45.1	54.2	1.10	7.9	44.6
2014	2.51	2.2	1.31	-1.6	52.2	1.18	7.7	47.0
2015	2.75	9.5	1.48	12.9	53.8	1.26	6.9	45.9
2016	3.60	5.5	—	—	—	—	—	—
2017	4.10	2.9	2.27	—	55.4	1.80	—	43.9

数据来源：哈萨克斯坦共和国统计局

2. 主要农产品产量

（1）种植业

哈萨克斯坦土地面积广大并且人口稀少，劳动力资源有限，气候干旱缺水并且可利用水资源匮乏，所以虽然农作物播种面积很大，但单位面积产量较低，处于广种薄收、粗放经营和靠天吃饭的状态。2016年哈萨克斯坦国内农作物耕种面积为2160万公顷，同比增长2%，较2015年增加了近41.3万公顷。哈萨克斯坦种植业主要以粮食作物、蔬菜作物和油料作物为主，粮食作物主要是小麦（约占粮食作物产量的90%）、大麦、玉米、水稻和燕麦。粮食主产区（约90%产量）在北部的科斯塔奈州、北哈萨克斯坦州和阿克莫拉州。蔬菜作物主要是马铃薯、番茄、洋葱、胡萝卜和甘蓝。南方地区可种植棉花、水稻、烟草和水果等。向日葵是主要的油料作物，约占油料作物种植面积的一半。种植业生产的企业遍布全国各地，生产总值占农业的一半。

根据联合国粮农组织数据，哈萨克斯坦2016年谷物总产量达2041.06万吨，收获面积

1514.43万公顷，较2015年分别增加9.8%和4.1%。其中以小麦为主，产量为1498.54万吨，占全部粮食作物产量的73.4%。其他包括玉米、大麦、水稻和燕麦，产量分别为76.24万吨、323.13万吨、44.78万吨和33.54万吨，分别占谷物产量的3.7%、15.8%、2.2%和1.6%（图4）。小麦、玉米、大麦、水稻和燕麦5种谷物产量较2015年均有所增加，分别增加了9.0%、2.1%、37.6%、3.9%和6.1%，单产情况分别为1.21吨/公顷、5.64吨/公顷、1.71吨/公顷、4.75吨/公顷和1.60吨/公顷。

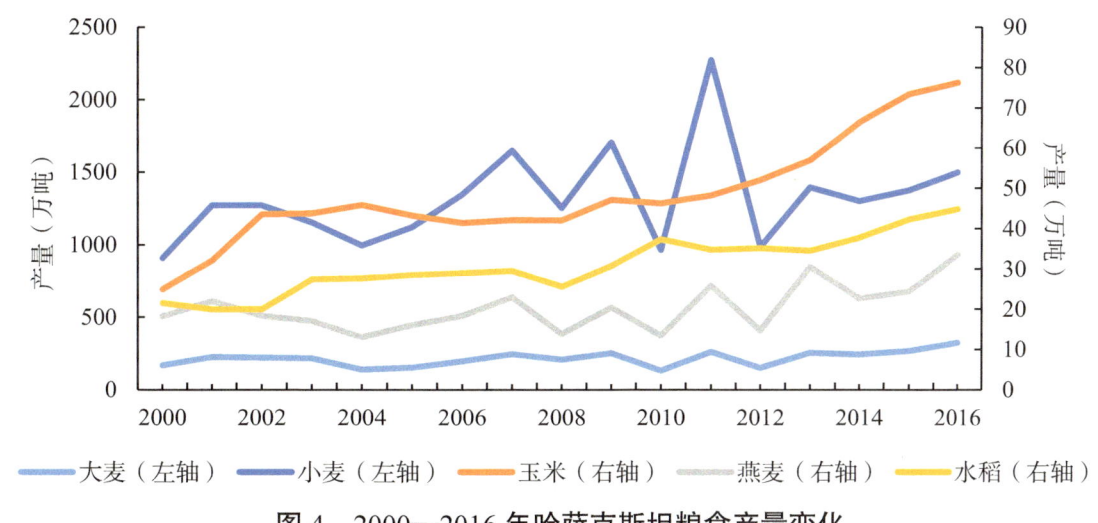

图4　2000—2016年哈萨克斯坦粮食产量变化

数据来源：粮农组织统计数据库

近年来，哈萨克斯坦蔬菜产量持续增长，2016年达378.17万吨，收获面积15.31万公顷，相比2015年分别增加6.1%和4.2%，增速有所放缓（图5）。其中，产量排在前4位的是番茄、洋葱、胡萝卜和甘蓝，分别为70.56万吨、75.73万吨、55.40万吨和54.81万吨，单产情况分别为24.34吨/公顷、27.83吨/公顷、27.47吨/公顷和26.38吨/公顷（表2）。此外，马铃薯产量354.57万吨，单产19.04吨/公顷。近几年，考虑国际贸易的比较优势，哈萨克斯坦不断扩大扁豆种植，发展目标是使哈萨克斯坦扁豆种植面积排名世界第5位，出口排名世界第4位。与世界第一大扁豆生产国加拿大相比，面对亚洲市场，哈国物流运输更占优势，出口扁豆比小麦和大麦更有前景。而且扁豆成熟时间相对更早，加拿大扁豆一般在1月上市，哈萨克斯坦可以在11月就将扁豆出口至土耳其和伊朗；而且具有物流优势，相较加拿大，可以更快地将扁豆送达上述国家。目前，哈萨克斯坦阿德麦肯农业股份公司已具备向市场供给6万吨扁豆的能力。

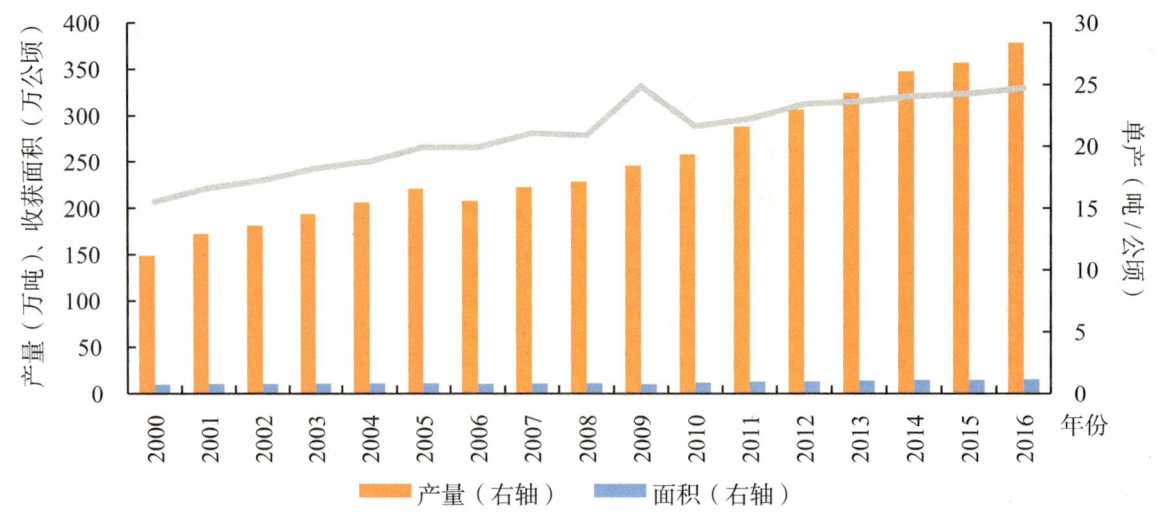

图 5　2000—2016 年哈萨克斯坦蔬菜产量、收获面积及单产变化

数据来源：粮农组织统计数据库

哈萨克斯坦油料作物产量持续上涨，粮农组织数据显示，2016 年总产量 218.91 万吨，较 2010 年翻了一番，收获面积 209.35 万公顷（图 6）。其中，产量排在前 5 位的油料作物是向日葵、亚麻、油菜、大豆和棉花，分别为 75.49 万吨、56.18 万吨、16.98 万吨、23.12 万吨和 28.67 万吨。单产情况分别为：0.93 吨 / 公顷、0.89 吨 / 公顷、1.05 吨 / 公顷、2.18 吨 / 公顷和 2.62 吨 / 公顷（表 2）。

图 6　2000—2016 年哈萨克斯坦油料作物收获面积、产量及单产变化

数据来源：粮农组织统计数据库

表2 哈萨克斯坦主要作物品种单产变化 （单位：吨/公顷）

作物		2000年	2002年	2004年	2006年	2008年	2010年	2012年	2014年	2016年
粮食作物	大麦	1.02	1.27	0.85	1.17	1.03	0.99	0.91	1.26	1.71
	玉米	3.34	4.14	4.46	4.63	4.40	4.83	5.19	5.28	5.64
	燕麦	0.96	1.27	0.77	1.18	0.94	0.82	0.89	1.18	1.60
	水稻	2.97	3.03	3.62	3.30	3.37	3.97	3.77	3.96	4.75
	小麦	0.90	1.09	0.84	1.13	0.97	0.73	0.68	1.09	1.21
蔬菜作物	甘蓝	17.87	20.74	21.50	24.02	23.60	23.81	24.99	25.29	26.38
	胡萝卜	14.61	16.61	17.84	20.19	20.54	21.80	24.10	25.91	27.47
	洋葱	17.08	16.22	18.17	18.27	20.37	21.59	25.26	26.53	27.83
	马铃薯	10.64	13.93	13.45	15.39	14.44	14.30	16.59	18.42	19.04
	番茄	17.20	18.09	19.51	22.02	21.80	23.09	23.66	24.03	24.34
油料作物	亚麻	0.42	0.98	0.73	1.06	0.80	0.42	0.43	0.76	0.89
	油菜	0.39	0.71	0.62	0.57	0.54	0.36	0.58	0.99	1.05
	大豆	1.13	1.50	1.46	1.66	1.73	1.85	2.01	1.87	2.18
	向日葵	0.40	0.59	0.59	0.59	0.41	0.44	0.59	0.67	0.93

数据来源：粮农组织统计数据库

1990年（据哈萨克斯坦国内统计数据[①]显示）油料作物播种面积仅为26.65万公顷，而谷物和豆类种植面积达到2335.59万公顷。2003年（据粮农组织统计数据显示）油料作物面积突破50万公顷的关口，达到了82.3万公顷。2008年以前，由于哈萨克斯坦植物油市场需求大幅增加，国内市场进口植物油占比很大。在政府提出农作物多样化发展的要求下，2008年油料作物种植面积增长为93.50万公顷，以保证供应国内市场。2008—2014年，油料作物种植规模出现爆发式增长。2012年种植面积为174.86万公顷，较2008年增长了近1倍。油料作物生产规模的增加不仅满足了国内市场需求，而且有效地促进了出口，在油料出口领域显示出相当强劲的竞争力。2015—2016年，国内外油菜籽产品市场呈现饱和状态，引发价格波动。销售困难、运输成本高昂以及其他技术原因导致种植面积有所减少。2015年种植面积缩减到201.80万公顷，2016年有所回升。2017年，油料作物恢复种植规模并再

---

① 数据来源：http://www.kazakh-zerno.kz/novosti/agrarnye-novosti-kazakhstana/237044-triumfalnoeshest-vie-maslichnykh-po-kazakhstanu

创新高，规划种植面积增加到231.06万公顷，实际种植面积为237.75万公顷，较规划面积又增长了2.9%。

粮食作物、蔬菜作物和油料作物的种植面积和产量呈增长态势。其中油料作物的种植面积增长较大，蔬菜作物的种植面积增长较小；而油籽和豆类种植面积的扩大，导致传统作物的种植面积相应减少。

对比中国和哈萨克斯坦主要作物的播种面积、产量和单产情况（表3）。2016年，哈萨克斯坦的蔬菜作物单产高于中国，但由于中国整体播种面积比较大，除了大麦以外，各种类产量都低于中国。此外，中国各粮食作物的单产都高于哈萨克斯坦，说明哈萨克斯坦的农业生产水平相比中国还有一定的差距。

表3 2016年中哈主要作物产量对比情况

作物播种面积		中国			哈萨克斯坦		
		面积（万公顷）	产量（万吨）	单产（吨/公顷）	面积（万公顷）	产量（万吨）	单产（吨/公顷）
粮食作物	大麦	41.28	178.04	4.31	189.41	323.13	1.71
	玉米	3897.95	23183.75	5.95	13.51	76.24	5.64
	燕麦	15.29	44.58	2.92	20.99	33.54	1.60
	水稻	3044.99	21109.08	6.93	9.43	44.78	4.75
	小麦	2434.84	13169.64	5.41	1237.35	1498.54	1.21
蔬菜作物		2354.52	54316.18	23.07	15.31	378.17	24.70

数据来源：粮农组织统计数据库

（2）畜牧业

哈萨克斯坦幅员辽阔，土地资源丰富，拥有广阔的草场和牧场，具备得天独厚的自然条件，畜牧业是哈萨克斯坦的重要产业之一，畜牧业在整个农业中比重超过40%。主要包括饲养各类牲畜（主要有禽类、羊、牛、猪、马和骆驼）以及肉、奶和禽蛋等畜产品。据哈萨克斯坦国内数据，截至2016年1月1日，牛存栏量606.7万头，同比增长0.6%；猪86.1万头，同比增长2.7%；羊1548.1万头，同比增长0.4%。其中，山羊231.1万头，同比增长2.9%；马198.4万匹，同比增长2.4%；禽类3663.5万只，同比增长4.7%。

在哈萨克斯坦独立后的20年间，哈萨克斯坦的牲畜和家禽存栏量呈"V"形发展趋势，2000年是"V"形的分界点。表4列出了禽类、羊、牛、猪、马和骆驼2000—2016年养殖量及其变化情况。2016年，哈萨克斯坦畜牧业总产值稳步回升，达26.40亿美元[①]。其中肉类总产量95.12万吨（图7）。从这17年的肉类产量数据来看，除了2011年历史最高导致2012年年增长率为负值外，肉类产量一直呈上升趋势；奶类产量533.50万吨，较2015年提高3.7%，创历史新高（图8）；禽蛋产量22.25万吨，较2015年减少6.7%（图9）。

表4 2000—2016年哈萨克斯坦家禽及牲畜养殖量情况　　　（单位：万头，只）

种类	年份								
	2000	2002	2004	2006	2008	2010	2012	2014	2016
骆驼	9.61	10.38	11.49	13.05	14.32	15.55	17.32	16.09	17.05
马	96.96	98.95	106.43	116.35	129.11	143.87	160.74	178.45	207.03
猪	98.42	112.38	136.88	128.19	135.27	132.63	120.42	92.23	88.76
家禽	1802.20	2112.90	2482.00	2620.00	2950.60	3114.60	3256.70	3443.80	3724.00
羊	965.67	1047.86	1224.71	1433.45	1608.00	1736.97	1809.19	1756.06	1801.55

数据来源：粮农组织统计数据库

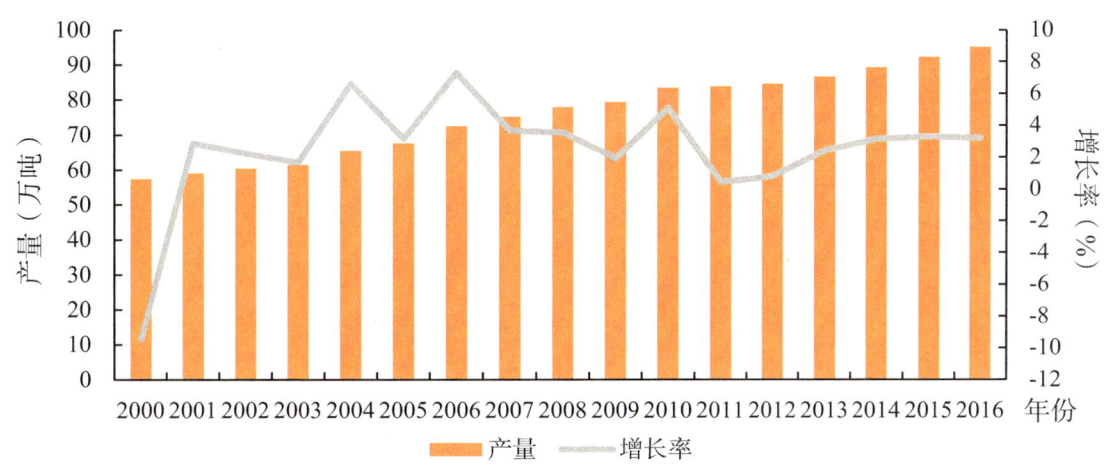

图7 2000—2016年哈萨克斯坦肉类产量变化

数据来源：粮农组织统计数据库

① 数据来源：粮农组织统计数据库

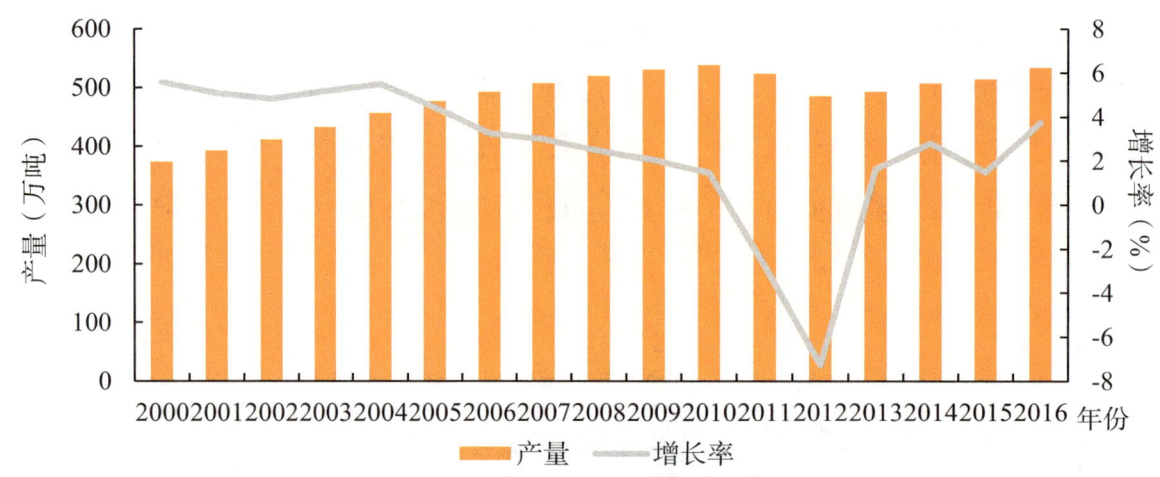

图8 2000—2016年哈萨克斯坦奶类产量变化

数据来源：粮农组织统计数据库

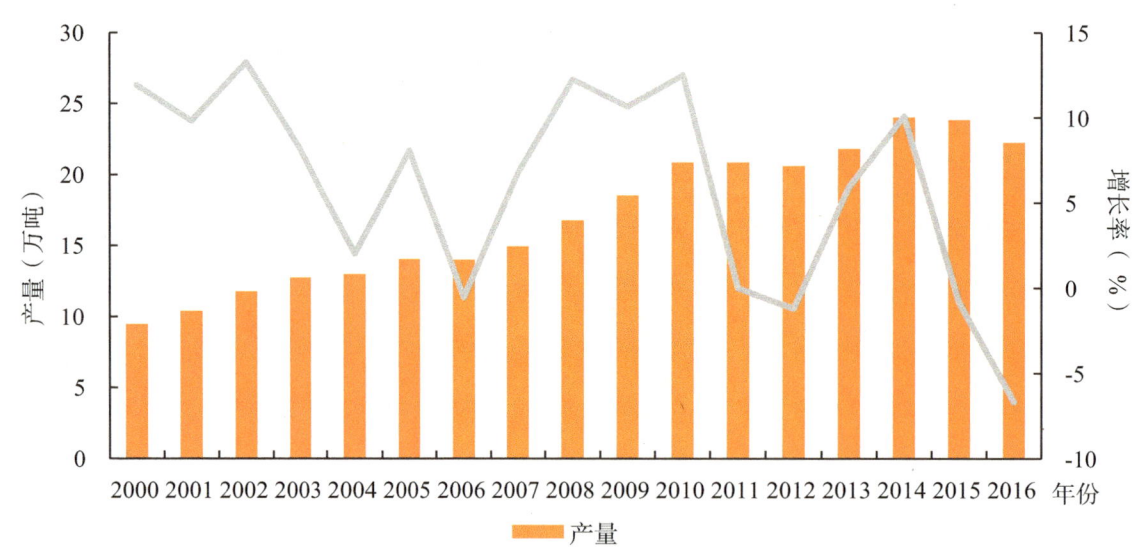

图9 2000—2016年哈萨克斯坦禽蛋产量变化

数据来源：粮农组织统计数据库

目前，哈萨克斯坦畜牧业存在以下问题：一是畜牧业技术装备落后，二是集约化程度低，三是国家对农牧补贴水平低，四是农牧民难以获取信贷资金，五是小规模养殖带来的高成本导致肉类价格急剧上涨。从哈萨克斯坦畜牧业发展的实践经验来看，提高畜产品产量的主要途径有：一是加大政府补贴力度和资金投入；二是更新技术装备，提高牲畜的产品率；三是改革畜牧业结构，培育规模化养殖企业。

（3）林业

尽管哈萨克斯坦地域辽阔，但森林稀少，故该国的林业也较为薄弱。FAO数据显示，

2015年哈萨克斯坦森林面积为3.31万平方千米，占土地面积的12.3%。对于具体的林业品种，比重最大的是梭梭林，约占林地面积的一半。其次是灌木林和高大乔木，约占林地面积的24%。对于高大乔木，针叶林占13%，阔叶林占11%。从上述数据可以看出，在哈萨克斯坦林地面积中，约2/3的林木不具有工业价值，表现出其国内木材资源的薄弱性。据统计，哈萨克斯坦的木材资源总量仅为3.76亿立方米。主要的是松木、桦木和冷杉，分别有0.97亿、0.85亿和0.59亿立方米。通过木材资源产生的木材约80万立方米/年，尚且不能满足本国的需求，因此需要从俄罗斯进口大量原木。

（4）渔业

哈萨克斯坦水域面积广阔，仅次于俄罗斯，里海、咸海和巴尔喀什湖等中亚几大主要湖泊均主要分布在哈萨克斯坦境内，渔业生产以捕捞渔业为主，珍贵鱼种资源丰富，是世界最大鲟鱼籽酱出口国之一，里海出产的鲟鱼籽被认为质量最高，发展渔业养殖和捕鱼业市场的潜力在每年10亿美元左右（于敏等，2018）。

据FAO统计，1989年哈萨克斯坦渔业总产量最高，达8.95万吨，苏联解体后，渔业生产开始萎缩，在2001年达最低，降至2.33万吨，之后逐步开始复苏，2016年达4.32万吨。需要指出的是，哈萨克斯坦水产养殖持续萎缩，从苏联解体时年产0.88万吨，年产量萎缩到0.1万吨以下的水平，作为产业部门实际上相当于近乎消失（户国等，2017）。

国际上对渔业资源的需求正在逐年增加，人工水产养殖成为一种大趋势。2011年人工水产养殖产量比1970年增加了10倍多，占整个渔业市场的近50%，占世界渔业生产的1/3，2020年将达到2/3。随着国际社会对渔业资源的需求逐年增加，利用本国优势的水资源来大力发展渔业已经成为哈萨克斯坦政府工作的重要任务。同时，据哈萨克斯坦国内报道，其正在面临鱼类资源枯竭的情况，偷猎行为已形成规模，2012—2015年间渔业领域灰色交易额多达1亿美元，给国家利益造成严重损失。健全法律法规、加强政府机构监管也已成为哈渔业工作的重中之重。近年来，为更好地保护和繁殖鱼类资源，针对商品捕鱼业、水产加工业和人工水产养殖业项目，哈萨克斯坦制定了鼓励长期渔业投资政策，水域租赁期限延长至49年，不仅调动了当地渔民的积极性，也给外来投资者带来机遇。

3. 主要农业产业布局

2016年哈萨克斯坦第一、第二、第三产业增加值占GDP的比重分别为4.6%、32%和57.8%。哈萨克斯坦的北部、南部和东部地区是农业发展较好的区域。这些区域由于其气候条件优越，农业基础良好，具备良好的发展农业的基础，因此是哈萨克斯坦粮食生产和出口基地。粮食主产区（90%产量）在北部的科斯塔奈州、北哈萨克斯坦州和阿克莫拉州。南方部分地区可种植水稻、棉花、烟草、甜菜和水果等（表5）。北哈萨克斯坦州、阿克莫拉州、科斯塔奈州、东哈萨克斯坦和阿拉木图州属于农业种植大省，而阿克托别州、卡拉干达州和克孜勒奥尔达州农业基础则较薄弱。

表5 2015—2016年哈萨克斯坦各州粮食生产情况

地区	播种面积（万公顷）		收获面积（万公顷）		产量（万吨）		单产（千克/公顷）	
	2015年	2016年	2015年	2016年	2015年	2016年	2015年	2016年
阿克莫拉州	418.49	432.87	408.93	432.87	400.75	564.51	1050	1320
阿克托别州	32.05	34.09	295	34.09	17.58	42.65	600	1250
阿拉木图市	44.94	45.52	44.94	45.39	83.11	89.76	2140	2250
西哈萨克斯坦	26.02	21.53	14.43	21.48	9.54	31.77	660	1480
江布尔州	26.09	26.63	25.58	26.63	39.43	62.45	1620	2420
卡拉干达州	68.17	74.13	65.24	72.57	55.08	98.34	910	1400
科斯塔奈州	401.83	421.50	401.83	421.50	344.52	527.85	1070	1330
克孜勒奥尔达州	8.69	8.67	8.69	8.67	43.42	36.13	5000	4340
巴甫洛达尔州	66.39	67.39	66.2	67.39	49.38	81.55	900	1210
北哈萨克斯坦	321.0	321.77	321.0	321.77	405.04	561.21	1580	1760
南哈萨克斯坦	25.5	26.04	25.08	26.04	48.13	63.83	2130	2510
东哈萨克斯坦	57.95	57.34	57.08	57.34	61.75	90.91	1250	1610
总计	1497.11	1537.49	1468.51	1535.74	1557.73	2250.96	1230	1510

数据来源：哈萨克斯坦统计局

由于大部分地区冬季严寒，哈萨克斯坦的粮食生产结构中，以春播为主（占90%～97%），主要农作物包括小麦、玉米、大麦、燕麦和黑麦。其中，小麦产量约占总粮食的90%；产量排名第二的是大麦，约占粮食总量的10%。玉米、大米、燕麦和荞麦分别为1.8%～3.8%、1.3%～3.1%、1%和0.2%。

（三）农产品贸易情况

1. 主要农产品贸易规模

2016年，哈萨克斯坦主要商品出口总额达328.6亿美元，其中矿产品、贱金属及制品和化工产品三类商品合计占哈萨克斯坦出口总额的90.1%，2016年出口额分别为225.8亿、51.5亿和18.8亿美元，分别占哈萨克斯坦出口总额的68.7%、15.7%和5.7%，较2015年分别下降26.5%、0.5%和18.9%。哈萨克斯坦主要商品进口总额为155.3亿美元，其中机电产品、贱金属及制品、化工产品和运输设备四类产品合计占哈萨克斯坦进口总额的 65.2%，2016 年进口额分别为 52.8 亿、19.5 亿、17.7 亿和 11.1 亿美元，分别占哈萨克斯坦进口总额的 34.0%、12.6%、11.4% 和 7.2%，较 2015 年分别下降 24.8%、21.6%、17.9% 和 16.7%。

对于具体的农产品而言，农产品中谷物出口最多，2016 年出口额达到 7.01 亿美元，占总出口额的 2.1%，相比 2015 年减少 4.5%。其他出口额较高的农产品有淀粉、工业或药用植物、棉花、动植物油、烟草、蔬菜、水产品等，具体的出口值以及同比和占比情况见表 6。2016 年，哈萨克斯坦主要农产品进口总额达到 155.1 亿美元，其中进口最多的是食用水果及坚果，进口额达到 4.11 亿美元，占总进口额的 2.7%，相比 2015 年减少 3.7%，其他出口额较高的农产品有橡胶、肉、蔬菜、咖啡等，具体的进口值以及同比和占比情况见表 7。

表 6　哈萨克斯坦主要出口农产品构成　　　　　　　　　　（单位：亿美元）

商品类别	2016 年	2015 年	同比 %	占比 %
谷物	7.01	7.34	-4.5	2.1
制粉工业产品；麦芽；淀粉等；面筋	5.02	4.91	2.2	1.5
油籽；子仁；工业或药用植物；饲料	1.76	2.08	-15.1	0.5
棉花	0.64	0.55	15.6	0.2
动植物油、脂、蜡；精制食用油脂	0.53	0.46	16.1	0.2
烟草、烟草及烟草代用品的制品	0.63	0.79	-20.7	0.2
食用蔬菜、根及块茎	0.49	0.15	237.7	0.2
鱼及其他水生无脊椎动物	0.44	0.47	-5.5	0.1
肥料	0.31	0.40	-22.6	0.1
谷物粉、淀粉等或乳的制品；糕饼	0.24	0.34	-29.2	0.1
出口总值	328.58	412.05	-20.3	100

数据来源：联合国商品贸易统计数据库（UN Comtrade）

表 7　哈萨克斯坦主要进口农产品构成　　　　　　　　　　（单位：亿美元）

商品类别	2016 年	2015 年	同比 %	占比 %
食用水果及坚果；甜瓜等水果的果皮	4.11	4.27	-3.7	2.7
橡胶及其制品	1.98	2.47	-19.8	1.3
肉及食用杂碎	1.21	1.49	-18.6	0.8
食用蔬菜、根及块茎	1.18	2.17	-45.6	0.8
咖啡、茶、马黛茶及调味香料	1.00	1.04	-4.0	0.7
进口总值	155.09	194.37	-20.2	100

数据来源：联合国商品贸易统计数据库（UN Comtrade）

2. 主要贸易伙伴

据哈萨克斯坦统计委员会资料，2016年哈萨克斯坦货物进出口额为483.7亿美元，比上年同期下降20.2%。其中，出口328.6亿美元，下降20.3%；进口155.1亿美元，下降20.2%。贸易顺差173.5亿美元，下降20.3%。

从国别来看，在出口方面，哈萨克斯坦最主要的4个出口贸易伙伴为意大利、中国、荷兰和瑞士，2016年对上述4国的出口额分别为74.8亿美元、42.2亿美元、32.6亿美元和26.9亿美元，4国的出口额合计占哈萨克斯坦出口总额的53.7%。其中，对瑞士出口增加1.1%，对意大利、中国和荷兰出口分别下降8.1%、23.1%和34.6%。

在进口方面，哈萨克斯坦的最主要的5个进口贸易伙伴为中国、德国、美国、意大利和法国，2016年自上述5国的进口额分别为36.7亿美元、14.4亿美元、12.7亿美元、8.3亿美元和6.6亿美元，上述5国合计占哈萨克斯坦进口总额的50.8%。德国、美国和韩国是哈萨克斯坦的前三大贸易逆差来源国，2016年逆差额分别为11.8亿美元、6.5亿美元和2.2亿美元。意大利、荷兰和瑞士是贸易顺差主要来源国，2016年顺差额分别为66.4亿美元、29.7亿美元和25.8亿美元。

哈萨克斯坦是面粉主要出口国。根据世界贸易组织的数据，2017年谷物出口总额达8.29亿美元，比2015年增长1.5%。其中乌兹别克斯坦占总出口量的25.2%，其次是塔吉克斯坦，占20.8%。中国虽仅占6.9%，但进口量增长迅速，2017较2015年增长了1.9倍，中国对进口小麦面粉要求较高，且多为小包装，因此影响部分哈萨克斯坦加工厂加工模式的转变。

表8　哈萨克斯坦谷物主要出口国　　　　　　　　　　　　（单位：亿美元）

国　家	2015年	2016年	2017年
乌兹别克斯坦	2.32	2.09	2.09
塔吉克斯坦	1.90	1.74	1.72
伊朗	1.38	1.31	1.30
意大利	0.24	0.42	0.60
中国	0.30	0.52	0.58
阿富汗	0.26	0.40	0.50
吉尔吉斯斯坦	0.65	0.39	0.38

数据来源：世界贸易组织（WTO）

3. 中国与其贸易情况

据哈萨克斯坦统计委员会统计，截至 2016 年年底，中国是哈萨克斯坦第二大出口市场和第一大进口来源地，与中国双边货物进出口额为 78.8 亿美元，与 2015 年相比下降 25.4%。其中，哈萨克斯坦对中国出口 42.1 亿美元，下降 23.1%，占哈萨克斯坦出口总额的 12.8%，下降 0.5%；哈萨克斯坦自中国进口 36.7 亿美元，下降 27.9%，占哈萨克斯坦进口总额的 23.6%，下降 2.5%。哈萨克斯坦贸易顺差 5.5 亿美元，增加 37.0%（图 10）。

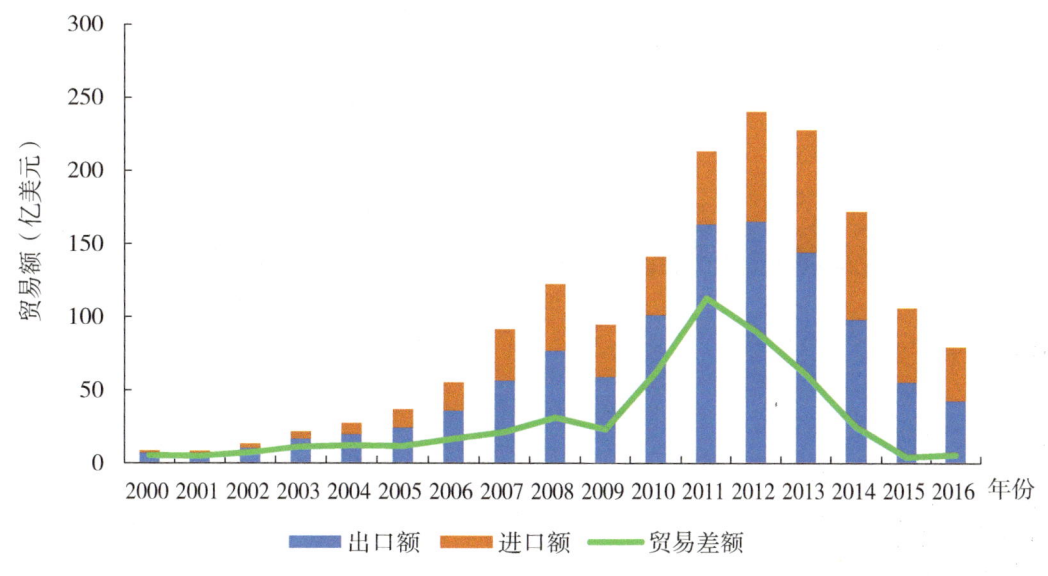

图 10 2000—2016 年中哈贸易额

数据来源：哈萨克斯坦统计委员会

哈萨克斯坦对中国主要出口的农产品是谷物类和油料类，2016 年的贸易额分别为 5422.59 万美元和 3100.67 万美元，其中谷物类比 2015 年贸易额增长 73.8%，油料类同比降低 12.6%。

哈萨克斯坦对中国主要进口的农产品是水果类和蔬菜类，2016 年的贸易额分别为 4647.65 万美元和 2466.09 万美元，但是两类的贸易额相比 2015 年都有一定幅度的降低，分别降低 41.1% 和 59.5%，（表 9，表 10）。

表9 哈萨克斯坦对中国主要出口农产品构成　　　　　　　　（单位：万美元）

商品类别	2016年	2015年	同比%
肉类	4.37	1.27	243.8
鱼类	143.07	105.43	35.7
乳制品类	21.72	57.94	-62.5
蔬菜类	0.29	0.70	-58.7
水果类	0.41	391.22	-99.9
谷物	5244.59	3018.27	73.8
油料	3100.67	3546.96	-12.6
棉花	152.04	42.00	262.0

数据来源：联合国商品贸易统计数据库（UN Comtrade）

表10 哈萨克斯坦对中国主要进口农产品构成　　　　　　　　（单位：万美元）

商品类别	2016年	2015年	同比%
鱼类	77.80	108.36	-28.2
乳制品类	—	0.89	—
蔬菜类	2566.09	6335.06	-59.5
水果类	4647.65	7894.21	-41.1
谷物	0.51	32.93	-98.5
油料	266.55	164.90	61.6
棉花	350.58	355.01	-1.3

数据来源：联合国商品贸易统计数据库（UN Comtrade）

（四）农业科技发展

1. 农业科研机构

哈萨克斯坦科教部下辖哈萨克斯坦科学院（院长由总统任命；行政经费由政府确定，经科教部划拨）、哈萨克斯坦国家农科中心（原农业科学院）、123个科研所（其中51个研究所和实验站属国家农科中心）、45所国立大学、以及部门间区域研究中心和农工企业的研究所等50个。国家农业研究中心有4个分支机构，6个部门，29个研究院所，18个农业、林业和兽医试验站，38个试验企业，1座国家农业图书馆。

哈萨克斯坦的主要农业科研机构包括国家农业研究中心、畜牧与饲料研究所、动物学研究所、国家兽医研究所、国立农业大学农业工程及新技术研究所、阿尔法拉比大学、东哈州农业科学研究所、南哈州畜牧与生物研究所、科学与教育部生物安全科学研究所等单位。另外，哈萨克斯坦有3所农业大学划入哈萨克斯坦农业部直接管理，分别是哈萨克斯坦塞夫林国立农业技术大学、哈萨克国立农业大学和西哈萨克斯坦农业科技大学，目的是建立有效机制推进国家农业创新体系建设，提高农业国际竞争力水平，加快国际农业一体化进程。

2. 农业科技发展状况

在哈萨克斯坦农业发展进程中，农业科技进步发挥了重要的作用。近5年来，哈萨克斯坦财政对科技的投入增加了3.7倍，但总体而言，在GDP中所占比例仅为0.2%～0.3%。中哈农业合作也是推动哈萨克斯坦国内农业发展的重要动力之一，1993年中国和哈萨克斯坦就建立了科技合作分委会，在分委会第六次会议上双方商定支持哈萨克斯坦农业科研院所合作。合作的重点技术包括种质资源与品种交流、动物疾病防控技术、设施农业综合技术、节水灌溉技术、农业科技培训与人才交流等；合作的主体以科研单位中国农业科学院和西部地区的农业科研院所为主，如中国科学院新疆生态与地理研究所、新疆农业科学院、中国新疆畜牧科学院、新疆农业大学等。

对于种质资源与疾病和病虫害防控方面，中哈两国早在2002年就签署了关于联合防治蝗虫及其他农作物病虫害的合作协议，两国在病虫害防治方面互相交流技术和经验，从而减少和避免对农作物的危害和影响，保障两国的粮食安全。新疆畜牧科学院已经与哈萨克斯坦在畜牧科技等方面建立了密切的合作关系，在2012年8月，新疆畜牧科学院与哈萨克斯坦东哈州农业科学研究所签署科技合作协议，此次合作在中哈畜牧业前期科技合作的基础上，继续深入推进中哈两国在畜牧业更多领域开展合作研究和市场开发，实现互利共赢。设施农业综合技术方面，2009年1月，京鹏公司与哈萨克斯坦签署了120万平方米的大型智能温室的合同。高科技温室不仅仅为哈萨克斯坦创造了更多的利益，还为新疆和哈萨克斯坦在农业科技领域的交流与合作开辟了新途径，提供了新的平台。2015年5月，陕西杨凌示范区管委会与哈方签订建设中哈现代农业示范园区的合作协议。位于哈萨克斯坦南部图尔根奇的杨凌中哈农业创新园，从项目启动至今，示范园区总共展示了小麦、玉米、油菜、大豆、蔬菜、绿化苗木等六大类40余个品种。作为响应"一带一路"倡议的举措之一，该项目结合了哈萨克斯坦农业耕种的地理优势，以及中方的农业技术优势，以促进中哈两国在农业领域的合作，同时提高当地农业的发展质量。

2016年哈萨克斯坦总统在杭州出席二十国集团峰会期间，中哈两国政府签署了"光明大道"新经济政策与"丝绸之路经济带"对接的建设计划。中哈两国在"一带一路"框架下的合作前景非常广阔，双方均对"一带一路"倡议和哈方提出的"光明之路"新经济政策对接予以支持。2017年9月11日，首届中国—哈萨克斯坦地方合作论坛在广西南宁荔园山庄国际会议中心举办。中国将先进高效的农业种植和加工技术带到哈萨克斯坦，帮助当地农民增收，同时有助于保障国内粮食数量和质量安全。

（五）农业管理体系与政策

1. 农业管理体系

农业部是哈萨克斯坦的农业主管部门，农业部的下级机构包括17个司、4个局和5个委员会。为了协调农业发展，哈萨克斯坦政府在1993年成立了内阁农工综合体委员会，副总理主管委员会的全部事务，主要职责是统筹协调国家机构和粮食、农业科技、加工、食品、农资、信贷等部门涉及农业发展的所有工作。哈萨克斯坦的农业生产主体依据是否具有法人地位大体分为三大类：一是农工企业，采用公司化组织和管理形式，具有法人地位；二是农民个体生产经营者（个体经济），须在相关部门注册，不具有法人地位；三是居民个人农业活动（个人副业），无须注册。

2. 农业支持政策

哈萨克斯坦农业的发展离不开政府支持，政府在农业的发展过程中充分发挥着各项职能，制定和修改了一系列的农业发展政策，不断提高农业的宏观管理和决策水平。哈萨克斯坦在农业领域的相关政策主要有以下几个方面。

（1）农业土地税

为提高本国农业竞争力，哈萨克斯坦政府制定了《2013—2020年哈萨克斯坦共和国农产品加工业综合体发展战略规划》[1]。根据这一规划，2013—2020年哈中央和地方财政将共投入2.99亿坚戈用于发展农产品加工业，其中也包括了通过税收优惠促进农业领域发展的相关措施。总体而言，目前哈萨克斯坦针对农产品生产者出台的税收优惠主要有：农产品加工者应交增值税减少70%，但实际操作中应交增值税高于列入纳税总额的增值税。农场可用统一土地税替代6项不同税种（企业所得税、增值税、土地税、土地使用税、交通工具税、财产税），根据土地价值和面积实行固定税率。此外，农产品生产者还享受企业所得税、社会税、土地税、土地使用税、财产税和交通工具税计算额减少70%的税收优惠。据报道，哈萨克斯坦政府2015年出台了一系列优惠政策，其中包括为在国家重点领域投资者提供免征10年企业所得税和土地税、8年财产税以及在项目投产后，为投资者提供最高达30%的支出补偿等措施，而且这些措施也同样适用于农业领域。

---

[1] http://www.mofcom.gov.cn/article/i/dxfw/jlyd/201309/20130900319351.shtml

（2）第三国保护政策

2015年，纳扎尔巴耶夫总统签署了"对第三国特殊保护、反倾销和反补贴措施"的法案。签署此法的主要目的在于将哈国内法律与世贸组织和基于欧盟法律的国际协定协调相一致。法案规定了采用特保、双反措施的规则；更改提交进行特保、双反措施的申请条件；隶属于欧亚经济委员会且进行调查的机构；与欧亚经济联盟和世贸组织协议相符的调查流程条款。同时，总统还签署了"修改和补充国内对于第三国特保、反倾销和补贴的法律"。此文件的签署用于确认"对于第三国特保、反倾销和补贴措施"的立法，对相关法律措施进行补充。

（3）建立农产品合作社，吸引外国投资

通过建立农产品合作社，哈国计划以牛奶和奶制品的生产发展吸引国际战略投资人，主要任务是保证三年内产品出口至一半以上的独联体国家[①]。哈萨克斯坦动物产品生产与发展部信息，国内牛奶储量将达6万吨。至2020年，农产品合作社建立方案的实施财政预算为256亿坚戈（约合人民币4.9亿元），另外，哈萨克斯坦农业科技有限公司计划拨出100亿坚戈（约合人民币1.92亿元）支持此计划。哈萨克斯坦登记注册的农产品合作社（也称合作商店）约546个，这些合作商店主要出售牛奶，目前，外国的农业巨头已经开始实施联合项目。如在西哈萨克斯坦州，法国公司建立了牛奶加工厂，投资总额达300亿坚戈。在帕夫洛达尔斯基州，基洛夫责任有限公司与合作商店联合建立农场，在2017年开始产出以奶油为主的产品。此外，在吸引外国投资方面，哈萨克斯坦计还划为国家生产和加工肉类产品吸引战略性投资人，主要完成发展原料基地和出口加工产品等基本任务。同时，为了减少进口禽肉的份额，哈萨克斯坦于2018年开始实施自主建立一套禽肉生产线的项目。

（4）农业补贴改革

种植业方面，哈萨克斯坦政府调低了种子、燃油等春耕、收割所必需的农资价格，还对化肥、除草剂、引水灌溉等提供补贴，对于棉花的种植，政府还承担了棉农的棉花质量检验等全部费用。2015年7月1日，哈萨克斯坦国家议会全体会议通过了关于对哈萨克斯坦棉业发展领域相关法律进行修改和补充的法律草案，并且将在总统签署后作为法律正式生效。此次修订包括取消对棉花加工企业经营活动的所有限制，确保其灵活应对市场需求；对棉农的春播和采摘工作进行财政扶持，并签订期货合同；调整原棉收购部门对棉花的收购程序等一系列内容。希望通过法律修订，能够向棉业领域吸引更多投资，提高棉业市场从业者经营积极性，同时确保棉花收购部门的垄断地位及其对棉花价格的影响。

---

① 哈萨克斯坦农业部.http://mgov.kz/ru/a-myrzahmetov-azamattarmen-zheke-s-ra-tary-bojynsha-kezdesti-2/

与此同时，哈斯克斯坦农业部自 2017 年起取消了粮食补贴①，转向支持高产、高效和技术含量高的农作物，从而提高土地使用合理性，促进农业多样化发展。旧的补贴方案每公顷粮食提供约 300～500 坚戈补贴，相对于每吨粮食价格浮动范围 3.0 万～3.5 万坚戈，显得微不足道，并不能真正提高生产效率，此外，由于补贴额度过小，无法覆盖生产成本，小规模种植户往往忽视政府的补贴。另一个重要原因是，哈萨克斯坦小麦种植规模和产量连续多年保持较高水平，不仅实现了国内市场的自给自足，而且主要用于出口。相反，其他谷物、高科技农作物、油料作物以及蔬菜供应出现短缺，需要从外国进口。哈萨克斯坦具备生产上述短缺农产品的条件，但受制于目前不合理的种植结构而无从发展。因此，哈萨克斯坦农业部决定通过取消农业补贴来敦促农民改变作物种植结构，尤其是鼓励扩大种植本国紧缺的作物。按照农业发展五年规划，2021 年小麦种植面积计划从 1240 万公顷大幅减少到 1000 公顷，占耕地总面积的 46%。与此相对应的是，甜菜种植面积将从 1.3 万公顷增加到 7 万公顷，大麦种植面积从 190 万公顷增加到 280 万公顷，油料作物面积从 200 万公顷增加到 300 万公顷。若上述结构调整最终落实到位，农工综合体将实现农产品的自给自足，哈萨克斯坦也无需为购买断区农产品而支付大量外汇。此外，农业补贴改革的另一个目的是增强农工综合体的地位。农业部统计数据显示，在哈萨克斯坦国内加工的小麦只占总产量的 1/4，其余均出口海外，国内油料作物的加工能力也只有产量的一半，加工产品只能供应中亚地区和西伯利亚。甜菜和浆果也存在类似的问题，马铃薯加工能力甚至低于 1%。哈萨克斯坦农业部旨在努力改变生产者一味向国外出口农业原料的现状，促使其将农产品交付国内加工厂进行加工。新的农业补贴机制有助于实现这一转变，生产者无法在收货时取得补贴，只有通过交付加工厂后，才能领取补贴。同时，农业部还计划授权独立的部门处理补贴事宜，并采取电子系统进行补贴发放，从而减少腐败行为。

畜牧业和渔业方面，自 2017 年开始，哈萨克斯坦农业补贴对农民的支持覆盖率将扩大至原来的 7.5 倍②，主要集中在畜牧业和渔业方面。为了落实哈萨克斯坦农业部发布的国家农业工业发展方案，对农业工业综合体补助金规定进行了部分变更和修改，增加了补充意见。变更使得有资格获得国家补贴的农民数量扩大至原来的 7.5 倍。其中，可领取育肥场补贴的农民数量将扩大至原来的 3 倍。在以前的补助金规定中，良种公牛的补助金发放水平不同，国家给予合作社的大牲畜补助金为 2 万坚戈/头。变更后，大牲畜补助金为 15 万坚戈/头，

---

① 哈萨克斯坦谷物网.http://www.kazakh-zerno.kz/novosti/agrarnye-novosti-kazakhstana/236809-mineselk-hoz-kazakhstana-otmenyaet-subsidii

② 哈萨克斯坦农业报.http://abkaz.kz/s-tekushhego-goda-v-75-raza-uvelichitsya-oxvat-fermerov-gosudarst-vennoj-podderzhkoj/

牛奶加工发放补助金为10坚戈/升，小牲畜补助金为1500坚戈/只。同时，补助金规定还新增设了自动发放补助金项目。该项目大大缩短了审批申请的时间，也降低了发放过程中的贪污腐败风险。国家农业工业发展规划也纳入了对渔业的支持资助，尤其是在借助机器设备孵化鱼苗方面。哈萨克斯坦政府对于补助金的规定和发放制定了详细的任务规划，为国家农业工业经济的发展注入了新动力。

（5）农业机械政策

2017年，为发展农业机械，哈萨克斯坦农业部组织信用协会、租赁公司协会和机械制造商协会签署框架农业机械"土地信贷公司合作协议"。农业部拨付50亿坚戈用来购买国产厂家的拖拉机设备，农业企业在购买国产农业机械时政府将给予补贴。此外，农业部为提供企业现代化建设资金，使得企业获得流动资金。

目前哈萨克斯坦有120家企业生产农业设备和配件，其中领先企业约有5～6家。由于早些年哈萨克斯坦机械制造业没有发展，哈国国产农业机械竞争力不足。此外，哈萨克斯坦对生产技术征收增值税，但对进口不征税，同等质量的进口农业机械比国产机械便宜12%。因此，农业融资考虑哈萨克斯坦国产农业机械企业的发展融资。目前哈萨克斯坦国产农业机械的比例约为20%，农业部计划将此比例提高到60%。已经签署的"农业技术"信贷计划协议将通过信贷合作和租赁公司的形式提供。"农业技术"信贷计划的目的是促进国内生产农业机械设备先进技术发展。向农业生产者提供5.5%年利率的低息贷款，贷款期限长达60个月，宽限期为12个月的本息偿还。企业可获得的融资额从100万坚戈起，最高可达公司自有资本的25%。

3. 农业发展规划

（1）"百步计划"

2015年5月20日，哈萨克斯坦为实现纳扎尔巴耶夫总统提出的五大改革目标，建立了"百步计划"的相关具体举措。该计划公布在哈萨克斯坦的官方报纸，其中涉及农业的相关内容有以下方面。

第35条，将农用土地投入市场，不断提高土地利用效率；对土地法和有关法律条款进行修改和补充。

第55条，至少引进十家大型跨国投资企业，为哈萨克斯坦产品打入国际市场建立基础。

第60条，积极吸引战略投资者，推动乳业发展。其中首要任务为：①3年内争取使出口至独联体市场的乳制品占据全国乳制品出口总量的50%；②借鉴新西兰恒天然和丹麦Arla等公司的先进经验；③在农村地区推广乳业合作社。

第61条，积极吸引战略投资者，推动肉类加工业的发展。首要任务是发展原料基地和促进产品出口。

第 63 条，进一步强化两大创新集群的建设，通过科技促进经济发展。为此，计划在纳扎尔巴耶夫大学设立"阿斯塔纳商业园"科研中心，中心工作主要以进行联合项目研究为主，并致力于科研成果的商业推广。为使具体的生产项目能够付诸实施，将吸引国内外高新技术企业进驻该科技创新园区。

（2）"2050 战略计划"

在哈萨克斯坦"2050 战略计划"中，对农业发展的具体要求是"实现农业现代化，扩大种植面积，提高粮食产量，建设世界级养殖业饲料基地，发展纯生态农场经济以及农产品加工和贸易的中小企业，到 2050 年农业产值在 GDP 中所占比重增长 4 倍"。政府不仅在宏观层面提高农业地位，强调农业发展的重要性，针对农业前期发展所遇到的问题也有相应的应对措施。

（3）"农业—2020"规划

2013 年，哈萨克斯坦政府制定了"2013—2020 农业综合发展新规划"，该规划将不再单纯追求提高劳动生产率以及增加对外出口，而是将重点放在保障内需和增强农产业竞争力上。"农业—2020"规划主要包括制定新财政政策、提升农产品质量、深化农业保障体制、提高国家对农业调控效率四方面。届时，国家对农业拨款和补助将增长 3.5 倍。通过财政制度改革，农业贷款最低期限延长至 8 年，贷款额将大于 3000 亿坚戈。"农业—2020"将进一步推动"2020 年哈萨克斯坦战略目标"和"工业创新发展规划"的实现。为此，哈政府还将通过以下几方面促进农业进一步发展。

——新财政拨款制度

国家计划拨款 3756 亿坚戈用于减轻众多农工个体贷款压力，避免财政不稳定性。同时国家将鼓励个人贷款，根据贷款提供补助。政府将根据各地区气候条件，市场销售情况以及发展潜力不同发放补贴。在研究新政策同时，政府将进一步完善现有补贴机制。通过对采用滴灌技术农田进行补贴，使得滴灌农田快速发展，与 2007 年相比，面积扩大了近 40 倍；畜牧业方面如出现减产情况，政府将发放饲料补贴，每头家畜 4500 坚戈；此外政府还鼓励增建乳制品加工厂、肉类加工厂、皮毛加工厂等。

哈国内有 30% 的中小型农工企业由于缺少高流动性抵押保障或经济状况不稳定，没有享受到政府的优惠政策。目前政府正在研究的资金或商品贷款担保机制是指，首先银行（这里指二级银行）为农工个体提供贷款担保，之后信贷机构或大型公司根据担保向个体提供贷款和生产资料。政府将对信贷过程中提供担保的银行提供补贴。

——深化农业保障体制

国家将拨款 4090 亿坚戈进一步完善动植物检疫系统，利用生物技术预防棉花、蔬菜、以及其他农作物疾病，计划分别于 2014 和 2016 年降低棉花和蔬菜害虫防治价格。此外，近期将由财政拨款，完成农畜鉴定工作。

——转变农业发展模式

目前，哈萨克斯坦国内农民和农场比例接近 10 : 1（哈国内农民约为 18.8 万人，农场 1.9 万个），而发达国家约为 2 : 1。在过去 50～80 年，畜牧业发展被看作是农业发展中最重要的部分。在澳大利亚一直保留着家庭农场的传统；在加拿大 98% 农场归个人所有；美国有 210 万个农场，农民近 300 万人，约有 67% 农产品产自大型农场。此外，俄罗斯等国也有着丰富家庭农场经验。很多农业专家认为，家庭农场数量和规模扩大是农业发展必经之路，也是对国内市场供应的保障。因此，哈萨克斯坦政府将鼓励建设农场，扩大放牧面积，增加肉类产品产量。此外，在原有基础上将在全国各地增建牧场 500 个。

发达国家农业经验表明，国家通过财政对农民提供补贴，以及对农业进行宏观调控是农业优先发展的方向。发达国家采用一系列经济手段（财政支持，稳定物价，增发补助等）为农业创造良好、稳定的发展环境。目前，制约哈萨克斯坦农业发展的重要原因是缺少立法支持和国家补助，其次国内大量闲置土地位于无人区，许多天然牧场供电、供水以及其他基础设施不完整。此外，饲料不足也制约了农业持续发展。

据统计，落实规划内所有项目需要 3.12 亿坚戈。其中，中央及地方政府计划拨款 2.66 亿坚戈，其他部分通过发行债券进行补充。新规划实施后，农产量计划提升 50%，农业个体生产率提高两倍；农产品出口量增长 20%；国内市场自给率达到 80%，农业整体规模将达到 10 万亿坚戈。

哈萨克斯坦总统在其发表的国情咨文中指出，在全球农产品需求增长情况下，哈萨克斯坦必须大规模发展现代化农业，为在世界粮食市场上占据有利地位并增加粮食生产，必须增加耕地面积，通过采用新技术保障产量大幅提高，创立生态环保具有竞争力的国家农业品牌。组织农业生产意义重大，关键任务是发展农场经济和农村中小经济。农工综合体产品（粮食）应该成为哈萨克斯坦主要出口产品之一，哈萨克斯坦具备建立世界级畜牧业饲料基地的潜力。哈萨克斯坦农工综合体应成为生态纯净农产品生产领域国际市场参与者。"农业—2020"规划责成政府就采用新型农业技术建立大中型农产品生产制定立法和经济刺激系统，对划地后在一定期限内未进行开垦的土地提高土地税率。哈萨克斯坦将借鉴美国和法国发展农业的先进经验，制定促进本国农工业创新发展规划，形成一个新的农业科技管理系统，建立一个独立的国家农业科学研究理事会，并保障科学家对行政程序的独立性。其中，

2020年畜牧业生产发展规划用于推动畜牧业生产发展。针对目前哈国内缺少大型饲料加工厂，因此不得不依靠本地饲料加工车间进行生产，导致生产成本高、饲料价格居高不下、行业冗员现象严重等问题，草案将以投资补助的方式，通过优贷和国家财政支持对现有饲料加工厂进行现代化改造的计划，至2020年全面实现大型饲料加工厂的现代化改造。届时，哈国内相关加工厂生产能力提升至190万吨/年，较当前水平提高30%～40%。

三、农业投资环境

投资环境是投资者进行投资决策时的重要因素。2018年，在世界银行（WBG）公布的《2019年全球营商环境报告》中，哈萨克斯坦的营商环境由2016年的全球第41名上升至2017年全球第28名，并成为世界营商环境改善最多的经济体之一。根据世界经济论坛《2018年全球竞争力报告》，哈萨克斯坦在全球最具竞争力的140个国家和地区中已跻身第59位，属于经济比较自由的国家。

（一）国家商业环境

1. 经济环境

对外投资中，最先考虑的因素是投资国经济环境的好坏程度，同时它也是影响投资决策的最直接和最基本的因素。哈萨克斯坦在独立初期（2000—2007年）的经济经历了高速发展的阶段，2008年受金融危机的影响，GDP经历了大幅度的下滑，在2010年，随着全球经济的回暖，哈萨克斯坦的经济又重新进入了复苏和增长阶段。2017年，哈萨克斯坦GDP为1581.42亿美元。其中哈萨克斯坦农业产值占国内生产总值的8%左右。

（1）销售总额

根据哈萨克斯坦国民经济部统计委员会公布的数字，2016年哈萨克斯坦社会批发及零售商品总额为226.2亿美元，同比下降1.4%。

（2）交通运输

哈萨克斯坦的交通运输系统中，公路和铁路占有重要地位，管道运输排第三位。2016年，哈萨克斯坦全国货运总量为37.23亿吨，同比下降0.2%。其中铁路货运总量3.32亿吨（下降0.9%）；公路货运总量31.81亿吨（增长0.2%）；管道运输2.05亿吨（下降4.7%）；空运货运总量1.81万吨（增长4.8%）。此外，全国客运量为223.4亿人次/千米，同比增长2.3%。

公路是哈萨克斯坦最主要的交通运输方式，其拥有的公路网仅次于俄罗斯，在独联体地区居第二位。目前公路总里程为9.74万千米。其中国道2.35万千米，州（区）道7.39万千米。与此同时，铁路交通在哈萨克斯坦全国交通运输中同样扮演着重要角色。据哈萨克斯坦国有铁路公司统计，哈萨克斯坦铁路技术指标、现代化程度及运输能力在独联体地区位居第三位，仅次于俄罗斯和乌克兰。

2. 投资吸引力

哈萨克斯坦是中亚地区经济发展最快、政治局势比较稳定、社会秩序相对良好的国家，有着丰富的石油、天然气、煤炭、有色金属等矿产资源，农业基础良好，广阔的牧场适于畜牧业发展，生态状况优良，地理位置优越，人文条件也好于其他中亚国家。

哈萨克斯坦自独立以来，坚持奉行积极吸引外国投资的政策，并加强了有关立法工作。1997年，哈萨克斯坦颁布了《哈萨克斯坦吸引外国直接投资的优先经济领域的清单》和《与投资者签订合同时的优惠政策》。近些年又先后通过了《国家支持直接投资法》等多部法律法规，对投资者做了各种保证。此外，哈萨克斯坦批准了创办投资保护多边协会的1985年《釜山公约》，以及投资者权利保障的1997年《莫斯科公约》。哈萨克斯坦加入了国家与自然人或法人之间投资纠纷协调公约组织（ICSID），并已与英国、美国、法国、俄罗斯等国家签订了保护投资的双边协议。2006年成立的欧亚发展银行，由俄罗斯和哈萨克斯坦发起，初始资金70亿美元，旨在促进成员国市场经济的发展、扩大经济和经贸关系，成员国还包括白俄罗斯、亚美尼亚、吉尔吉斯斯坦和塔吉克斯坦。2015年6月，哈萨克斯坦作为意向创始成员国签署建立亚洲基础设施投资银行的协议。2015年12月哈成为世界贸易组织第162个正式成员国。哈萨克斯坦的法律规定，国际协议优先于国内法律。2003年4月，哈萨克斯坦颁布了新的《投资法》。投资立法工作对吸引外资起到了积极作用。

3. 物价水平与居民生活水平

哈萨克斯坦的物价远高于中亚其他国家。这一方面与其民用工业落后、产品多需进口有关，另一方面，也与其人均收入高、劳动力价格较其他中亚国家高有关。另外，还有一个因素是商业中间环节多、商品到最终用户手中时与其出厂价格或进口价格比，已有数倍差距。一般而言，瓜果蔬菜、肉、蛋、奶、日用消费品、家电、服装等比中国售价高一倍以上甚至是若干倍，而进口烟酒、手表、化妆品、汽车等高档奢侈品则相对便宜。

近年来，随着哈萨克斯坦经济的持续且稳定的发展，其居民生活水平也在不断地提高。据世界银行排名，哈萨克斯坦已经进入中等收入国家行列，并且居民购买力超过了中等发达国家地水平。此外，哈萨克斯坦居民人均收入和消费近年来也呈增长之势。2015年，国民净人均收入为8109.59美元，较2010年同比增长75.7%。哈萨克斯坦人均居民消费支出为5387.75美元，较2010年同比增长30.9%。

收入方面，哈萨克斯坦国民收入不断得到提高。1996 年全国 1/3 的人口生活在最低生活标准之下，2010 年这一比例已下降至 5.1%。贫富差距正在进一步缩小，城镇 10% 高收入家庭和 10% 低收入家庭之间的收入差距逐年下降，反映这种差距的指标——"基尼系数"从 2001 年的 0.336 下降到了 2016 年的 0.278，表明财富在国民间的分配日趋合理。

消费方面，近十年来，哈萨克斯坦国民生活水平不断得到改善，粮食消费平均下降 5.2%，马铃薯下降 28%，同期肉及肉制品消费增长 15%，鱼及海产品消费增长近一倍，鸡蛋增长 43%，植物油、油脂增长 25%，糖果增长 50%，水果增长近 3 倍，蔬菜消费也有大幅提高。2016 年，哈平均最低生活成本为 2.15 万坚戈，同比增长 8.6%。其中，食品类消费支出占比较大，为 1.29 万坚戈。非食品类和服务类支出为 8605 坚戈。13 岁以下儿童最低生活标准为 1.79 万坚戈，14～17 岁少男为 2.71 万坚戈，14～17 岁少女为 2.08 万坚戈，成年男性为 2.56 万坚戈，成年女性为 2.03 万坚戈，退休及老年人为 2.01 万坚戈。

4. 资源丰富

劳动力方面，据世界银行数据，哈萨克斯坦人口 1779.70 万，其中劳动力 923.08 万。近年来，哈萨克斯坦的就业人口总量呈逐年增长趋势。

自然资源方面，哈萨克斯坦位于北温带，属典型的大陆性气候，冬寒夏热，光照资源丰富，且光热同季，非常有利于农作物的生长和养分积累；另外，哈萨克斯坦境内多平原和低地，适合农作物生长；哈萨克斯坦的矿产资源比较丰富，国内矿藏产地有 90 多种；哈萨克斯坦的石油、煤炭和天然气的储量也十分丰富。哈萨克斯坦具有丰富的自然资源，在资源和产业结构上看，中哈两国具有很强的互补性，因此中国在哈萨克斯坦的直接投资具有广泛的前景。

（二）农业优势与潜力

哈萨克斯坦是我国实施向西陆地开放的重要目标市场，是上海合作组织成员，中国可以借助上海合作组织等组织加强对其的经贸与投资进行合作。通过哈萨克斯坦国家商业环境可以看出，哈萨克斯坦经济增长前景良好、居民生活水平也在不断提高、劳动力资源和自然资源都相对丰富。伴随着经济的快速增长，哈萨克斯坦近年来与我国贸易往来日渐增加，越来越多的中国企业开始开拓哈萨克斯坦市场。目前，哈萨克斯坦国家对内、外投资一视同仁，鼓励外商向非能源领域投资，延长其产业加工链，主要是农副产品与食品加工业、纺织品、服装、毛皮、皮革的加工和生产、木材加工及木制品生产领域。哈萨克斯坦工商联合会主席马西洛夫表示：对于中国企业，很希望在农业上合作更多，哈萨克斯坦有很大面积的农业土地；哈萨克斯坦的食品是有机食品。因此，在农业上，希望中国相关的高科技企业进入哈萨克斯坦。

从农业投资优劣势比较来看,哈萨克斯坦受其环境、人口和区域发展等因素影响,不同区域农业投资环境优劣不同。其中,北哈萨克斯坦州、阿克莫拉州、阿拉木图州和科斯塔奈州是哈萨克斯坦国长期以来确保粮食安全及保证粮食稳定出口的区域。这些区域除了优越地理位置和自然条件之外,还具备大量的廉价农村劳动人口,投资效率更高,是农业投资环境优等区,具有较好投资潜力;东哈萨克斯坦州、南哈萨克斯坦州、江布尔州、卡拉干达州、阿克托别州和巴甫洛达尔州在一定程度上也具备较好的发展农业条件,但这些区域也是工业和加工业较发达的地区,其主要方向和优势因素更多集中在工业生产领域,农业投资环境处于中等水平;西哈萨克斯坦州和克孜勒奥尔达州农业投资环境水平也相对较弱;曼格斯套州、阿拉木图市、阿斯塔纳市和阿特劳州农业投资环境最差,其中阿斯塔纳市和阿拉木图市,作为直辖市本身就不具备农业基础,而曼格斯套和阿特劳州作为以能源开采和加工为主的区域,同样不具备发展农业的基础,均存在较高的投资风险,这四个州和两个直辖市基本上不适合搞农业投资,属于哈萨克斯坦农业投资环境较差地区。

哈萨克斯坦各区域之间产业投资环境的差异极为明显,因而给投资企业带来一些不可预测的风险。研究结果表示,农业投资环境较好区域主要分布在北部、南部和东部地区。这些区域气候条件优越,农业基础良好,是哈萨克斯坦粮食生产和出口基地,具备良好的发展农业的基础。

(三)风险分析

农业是一个收益周期较长,前期投资较大,回报相对慢的产业,海外农业投资往往还因涉及土地问题而更为敏感,进行海外投资的企业主要面对的风险来自东道国的各种不确定性,由其国家及社会本身的属性和特点决定。企业海外投资面对的风险可以分为政治风险、法律制度风险、经济风险、社会环境风险和自然环境风险等。

1. 政治风险

受国际金融危机的冲击、世界经济增速放缓、国内政策调整等不利因素的影响,哈萨克斯坦国内政策环境、市场环境、行政环境等都存在着不确定性,投资环境的宽松度和自由性已与以前有所不同。哈萨克斯坦政府对外资企业的管控程度日益严格,主要的政治风险是哈萨克斯坦的政策变动的风险,如经济政策、产业政策、关税方面以及对环保的要求和安全的要求,给外商直接投资带来不可控的风险和影响。另外,由于哈萨克斯坦处于大国的相互博弈和竞争合作的战略性位置,也可能会影响该国的政治和经济稳定。

2. 法律与制度风险

尽管哈萨克斯坦建立了相对完备的法律体系，但是对于外商直接投资的法律法规上面仍有一些缺陷和问题。另外，"一带一路"所跨越的国家和地区，法律体系和社会背景不同，给外来投资者的业务发展带来了一定的未知性和不确定性。

3. 经济风险

经济风险是指由于经济周期波动、通货膨胀、经济、财政与货币政策变化等对企业产生不利影响的可能性。"一带一路"海外投资过程中，所在国家由于经济周期波动或相关政策变化会带来产品价格的巨大波动。另外，由于海外投资企业主要以外币进行结算，同时在国际金融市场上借贷的都是外汇，当汇率波动较大时，会给企业带来汇率风险。目前，虽然哈萨克斯坦农业发展总体形势较好，但还存在不少突出问题。例如：农业补贴的使用效率问题、补贴方向和方式的问题。质量安全隐患以及相关监督部门的效率问题等。

（四）总体评价

哈萨克斯坦较中亚其他国家相比，属于地区经济发展最快、政治局势比较稳定、社会秩序相对良好的国家，农业基础良好，广阔的牧场适于畜牧业发展，生态状况优良，地理位置优越，人文条件也好于其他中亚国家。但总体法治水平不高，社会管理体系较松散，法律稳定性较差。对于中哈两国，近年来的经贸关系发展迅速，中国是哈萨克斯坦第二大出口市场和第一大进口来源地。哈萨克斯坦投资法律环境总体较好，但是与此同时也存在着技术设施落后、市场经济不完善等问题；哈萨克斯坦是世界第八大小麦出口国，然而该国的农业基础设施滞后。中国对于哈萨克斯坦的农业投资水平落后于其他重要国家，中哈的合作存在广泛的空间。另外，中哈的农业合作尚未充分地展开，农产品贸易规模较小，农业技术之间的交流次数有限，两国之间的农业合作潜力巨大。总体来说，中哈经贸关系互补性强、发展潜力巨大，特别是在基础设施建设、农产品加工方面的合作大有可为。

四、中哈农业合作现状与合作重点

（一）合作现状

哈萨克斯坦自1992年1月和中国建交以来，双边友好合作关系不断发展。2011年双方宣布发展全面战略伙伴关系。目前，两国在落实"丝绸之路经济带"建设与"光明之路"新经济政策已对接，两国在教育、文化、科技领域合作成果丰硕，常年互派文艺团组演出。中国和哈萨克斯坦作为邻国以及世界上重要的发展中国家和农业国家，近年来在多个领域展开了务实合作，建立了有效的沟通交流平台。中哈合作目前已成为国际社会共建"一带一路"的范本。哈萨克斯坦与中国的外贸额在哈萨克斯坦同整个亚洲国家的贸易中位居第一，中国是哈萨克斯坦最有前途的贸易伙伴之一。

1. 合作机制

中哈两国农业互补性强，合作潜力较大。在多边合作机制方面，中国与哈萨克斯坦在上海合作组织等多边合作框架下开展农业合作。截至2016年年底，上合组织已经在中国、哈萨克斯坦以及俄罗斯召开三次会议，明确提出农业领域为未来上合组织区域经济合作的优先方向之一，并确定了未来五年上合组织农业合作的重点领域。在双边合作机制方面，虽然中哈两国农业部尚未建立稳定的双边农业合作机制，但双方交流密切，2016年哈萨克斯坦农业部部长、副部长分别访华，与中国农业部举行了双边会谈，同年，哈萨克斯坦农业部副部长赴中国西安参加G20农业部长会，并与陕西省政府举行了双边会谈。除了双方农业部之间的频繁互动外，中哈在农业科技、动植物检疫、病虫害防治、农业生产与贸易等多个领域建立了其他形式的双边合作机制，有效推动了双边农业合作。

目前，中哈合作保持了总体稳定，呈现快速发展势头。中哈经贸合作巩固了两国全面战略伙伴关系的物质基础，为"一带一路"建设做出了积极贡献。近年来，在两国领导人的亲自关注和推动下，中哈双边贸易快速增长、经济技术和产能合作成果丰硕、投资和金融合作可圈可点、农业合作发展迅猛、跨境运输合作蓬勃发展。

2. 科技合作

（1）新疆畜牧科学院与哈萨克斯坦开展科技合作

近年来，新疆畜牧科学院依托地缘优势，立足研究技术优势和区域特色产业发展，通过客座访问、考察交流、出国留学、举办学术会议等方式，先后与哈萨克斯坦的相关科研机构建立了良好的合作关系，先后承担政府间科技合作项目、科技部及自治区国际合作项目、自治区外专局引进智力及出国培训项目等合作项目研究，开展了多层次的广泛合作与研究交流。在前苏联时期中亚五国还是加盟共和国的时候，该院就曾在细毛羊育种、卡拉库尔羊育种等方面有合作。苏联解体后，该院与哈萨克斯坦的合作也逐渐多起来。先后在牧草种子、生产方式等技术研究以及人才培养方面开展了合作。但由于当时的国际合作项目较少，项目周期较短，因此，与哈萨克斯坦在畜牧领域的合作多为点状，成果在一定程度上缺少后续性。近年来主要合作领域包括草食家畜的遗传资源利用、营养调控、生产管理、干旱区草地生态恢复与草地生态畜牧业、边境动物疫病防御、毛绒皮质量标准等。

（2）陕西杨凌示范区管委会与哈方签订建设中哈现代农业示范园区

2015年5月，陕西杨凌示范区管委会与哈方签订建设中哈现代农业示范园区的合作协议。历史上，丝绸之路曾是东西方农业交流的重要通道。而今，"一带一路"倡议提出五年多来，相关国家的农业合作也渐入佳境。在哈萨克斯坦有一个中哈合作建设的农业示范园区。作为响应"一带一路"倡议的举措之一，该项目结合了哈萨克斯坦农业耕种的地理优势以及中方的农业技术等优势，促进中哈两国在农业领域的合作，同时提高当地农业的发展质量。位于哈萨克斯坦南部图尔根奇的杨凌中哈农业创新园，完成了5个冬小麦品种的种植展示，此后还将涉及包括大豆、玉米在内的其他品种，这些品种既是基本口粮，也是食品安全的保障和粮食出口的主力。

（3）西北农林科技大学和哈萨克斯坦赛福林农业技术大学共同签署"共建农业示范园区协议"

2017年7月11日，中国—哈萨克斯坦农业投资论坛在哈萨克斯坦首都阿斯塔纳举行，该论坛由中国农业部和哈萨克斯坦农业部共同主办，哈萨克斯坦中国贸易促进会协办，该论坛以中国—哈萨克斯坦农业投资合作与发展为主要内容，中哈两国14家单位在双方农业部长的见证下，签署了9份双边合作协议，涉及农业合作示范园区、粮油作物贸易、联合实验室等内容。西北农林科技大学和哈萨克斯坦赛福林农业技术大学共同签署了"共建农业示范园区协议"。未来该校将充分发挥人才和科技优势，与哈国政府、科教单位、企业以及相关协会进行紧密、实质合作，开展联合研究和示范推广，依托"丝绸之路农业教育科技创新联盟"，为中哈两国政府和农业企业合作提供科技支撑和人才培养等服务保障。

3. 贸易合作

统计数据显示，哈萨克斯坦的贸易顺差主要来源于意大利（表11），2016年贸易顺差额为66.40亿美元，较2015年降低4.6%，贸易逆差主要来源于德国，2016年贸易逆差额为11.81亿美元，较2015年降低28.1%。对于中哈两国，从2013年开始，中哈的贸易总额以及出口总额和进口总额都出现了大幅度的下降。

表11　哈萨克斯坦贸易差额主要来源　　　　　　　　　　（单位：亿美元）

国家和地区	2016年	2015年	同比%
总值	173.49	217.68	-20.3
主要顺差来源			
意大利	66.40	69.63	-4.6
荷兰	29.73	46.68	-36.3
瑞士	25.78	25.30	1.9
法国	11.37	20.11	-43.4

(续表)

国家和地区	2016 年	2015 年	同比 %
希腊	8.60	12.41	-30.7
罗马尼亚	6.46	12.67	-49
西班牙	6.37	9.99	-36.3
中国	5.49	4.01	37
英国	5.16	4.26	21
伊朗	5.05	4.96	1.9
主要逆差来源			
德国	-11.81	-16.42	-28.1
美国	-6.52	-9.76	-33.2
韩国	-2.30	1.63	—
土库曼斯坦	-1.45	0.51	—
爱尔兰	-1.39	-1.80	-22.5

数据来源：中国商务部

对于农产品，中哈农产品贸易不仅历史悠久，而且具有很强的互补性。从农产品进口总量来看，中哈农产品贸易增长迅速，2005—2017 年，中国自哈萨克斯坦进口的农产品从 4266 万美元增长到 1.73 亿美元，年均增长 12.7%；出口农产品从 5507 万美元增长到 1.71 亿美元，年均增长 9.9%。从农产品贸易结构来看，2017 年，哈萨克斯坦对中国出口的农产品主要是小麦、油籽、药材、坚果，合计占对中国出口农产品总量的 60.7%，与 2016 年相比，畜产品、蔬菜出口额下降，油籽上升明显。中国向哈萨克斯坦出口的农产品主要是蔬菜和水果，2017 年分别达 7814 万美元、4949 万美元，两类合计占其从中国自哈萨克斯坦进口农产品总额的 74.7%。

2017 年起，哈萨克斯坦开始加速推进对华出口农产品所需检测和质量确认等相关工作。今后，更多中亚农产品将由哈萨克斯坦认证合格后出口中国，经哈萨克斯坦认证的中亚农产品在华亦将享受免检待遇。

4. 投资合作

除经贸合作外，中哈两国不断加强投资合作。2016 年年末，中国在亚洲的投资存量为 9094.5 亿美元，占 67%，主要分布在中国香港、新加坡、印度尼西亚、中国澳门、老挝、哈萨克斯坦、越南、阿联酋、巴基斯坦、缅甸、泰国、柬埔寨、韩国、以色列、蒙古、马来西亚等；其中，中国对哈萨克斯坦直接投资存量达 50.94 亿美元。2016 年末，中国在转型经济体的直接投资存量233.75亿美元,占存量总额的1.7%。其中哈萨克斯坦54.32亿美元,占23.2%。对流向农业、林业和渔业的外商直接投资进行统计,2012年哈萨克斯坦流向农业、林业和渔业的外商直接投资额为1830万美元(图11)。

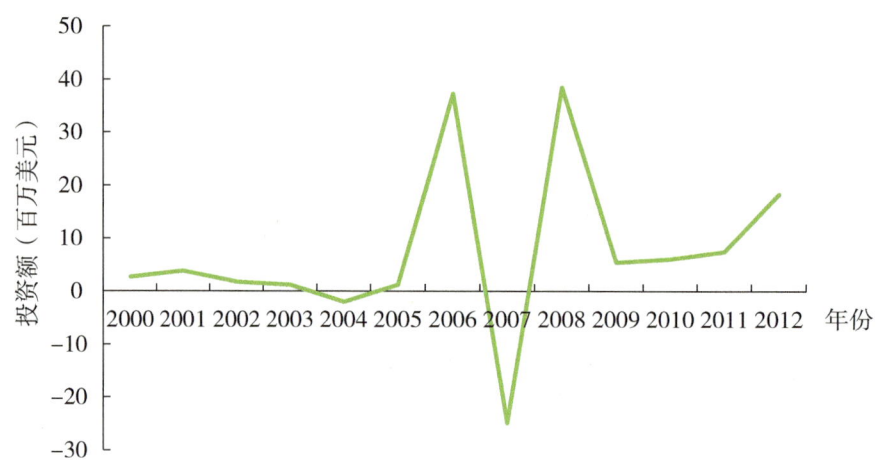

图11 2000—2012年流向哈萨克斯坦农业、林业和渔业的外商直接投资
注:FAO数据只更新至2012年
数据来源:粮农组织统计数据库

哈萨克斯坦总统纳扎尔巴耶夫曾公开呼吁,哈萨克斯坦农业拥有巨大发展潜力,他呼吁外国投资者能够对该领域进行积极投资。哈萨克斯坦不仅领土面积居全球第九,而且还拥有非常丰富的农业资源。另外,凭借着优越的地理位置,哈萨克斯坦不仅占有着传统的地区市场,而且还在积极开发着中国、印度和中东等新兴市场。所以,对世界各国投资者来说,这些都有着极大的吸引力,特别是农业发展的巨大潜力还有待充分开发。

中哈的农业投资合作滞缓于农业贸易,近年来随着哈萨克斯坦国家战略调整,对投资环境的不断优化和改善,以及中哈"双边投资保护协定""避免双重征税协定"的签署,投资合作有所发展。目前中国在哈萨克斯坦开展农业投资活动以民营企业为主,经营范围涉及生产、加工、贸易等多个领域,对解决哈萨克斯坦当地就业、增加农民收入、传播先进适用农业技术等方面,做出了一定贡献。据农业部对外经济合作中心统计,截至2015年年末,中国对哈投资流量7436万美元,存量2.06万美元,有十余家企业在哈开展农业投资活动。从境内投资主体类型看,有贸易型企业4家、科技型企业4家,生产投资型企业5家。

在阿斯塔纳市农业投资论坛上，中哈签订了国际合作协议[①]，合作方向以种植业为主，中方将在农产品生产和生产技术培训方面对哈国进行投资，额度高达 2 亿美元。哈萨克斯坦食品工业协会主席表示，国际合作的目标是建立农产品初级加工示范项目，包括建设油料厂、粮库和饲料厂。哈萨克斯坦首先需要拥有能够掌握和应用相关技术的从业人员，才能实现对先进技术的引进和吸收。因此，部分国际合作投资将用于建立技术培训中心，培养中层专家和设备操作人员。与此同时，哈萨克斯坦还提出建立中哈科研教学中心和中哈农产品加工示范区。该项目包括两个阶段，分别在哈萨克斯坦阿斯塔纳市、江布尔州、科斯塔尼州、阿克莫拉州、北哈萨克斯坦州、阿克图贝州和阿拉木图州几个地区实施。在项目框架内，计划建设教育中心、租赁中心、技术研发中心、农业机械服务中心、饲料厂、油料作物加工厂以及干草加工厂。项目一期投资额将达到 2 亿美元。此外，项目方还计划在哈国全境建立 5 个服务支持中心以开展宣传和培训，目前正与对该项目感兴趣的各州领导签署相关协议。在项目第一阶段，哈国生产的农产品将由中国收购，未来将会出口到其他国家。

（二）合作潜力

1. 合作基础

哈萨克斯坦是世界新兴粮食出口国。2000 年之后，随着其国内农业生产的恢复，粮食出口量不断增加，哈萨克斯坦在国际粮食市场上的竞争力不断增强，粮食出口量居世界第五位或第六位。中哈两国在农业合作发展方面的互补性强、潜力大，下一步合作前景广阔，尤其是农业科技合作、促进农产品贸易发展、深化农业投资合作。中哈建立在互惠互利和相互理解的基础上，两国已签署诸多领域合作协议。在农业科技合作方面，目前，中哈农业技术交流在小麦、棉花、蔬菜、瓜果等农作物的育种、优良品种的交换、专家互访、良种选用等方面开展广泛的科技合作。在农产品贸易方面，哈萨克斯坦是世界第八大粮食出口国。截至 2016 年年初，中国新疆已有四个面向哈萨克斯坦的口岸被指定为中国粮食进口口岸。根据中国商务部统计，中国对哈萨克斯坦的农产品出口已由 2005 年的 0.55 亿美元增至 2015 年的 2.46 亿美元。但对比看来，中国自哈萨克斯坦农产品进口的规模很小，2015 年农产品进口额为 1.31 亿美元，仅相当于出口额的 53%。在农业投资合作方面，为吸引更多的投资者，哈萨克斯坦政府已经出台了一系列优惠政策，其中包括为在国家重点领域投资者提供免征 10 年企业所得税和土地税、8 年财产税，以及在项目投产后为投资者提供最高达 30% 的

---

① 哈萨克斯坦谷物网.http://www.kazakh-zerno.kz/novosti/agrarnye-novosti-kazakhstana/239954-kitaj-gotov-investirovat-v-razvitie-apk-kazakhstana-200-mln

支出补偿等措施，而且这些措施也同样适用于农业领域。在人才交流方面，面对中哈两国农业合作发展带来的人才需求，哈萨克斯坦专门设立总统奖学金，由哈萨克斯坦农业大学选派优秀学生，进入西北农林科技大学等多所中国重点农业高校留学。目前，由中哈两国发起的农业教育科技创新联盟，已从最初的21所院校扩展到40个国家的153所高校和科研单位。人才的交流和培养也加快了两国农业产业的深度融合。

2. 合作前景

双方的合作面临着良好的历史机遇。随着"一带一路"倡议的提出与推进，未来中国与哈萨克斯坦在农业领域的合作有着广阔的前景和巨大的市场潜力。

（1）农业科技合作

中国与哈萨克斯坦在农业科技合作方面同样存在着很强的互补性，主要体现在种植业合作、畜牧业合作、农业生产技术合作、农产品加工合作等。中国与哈萨克斯坦农业结构与农业技术的差异性和互补性成为双方深入开展科技合作的前提。哈萨克斯坦在种植、养殖技术方面具有很强的优势，还包括丰富的种质资源储备。例如，在棉花种植技术方面，哈萨克斯坦相关的机构对于棉花品种的收集和棉花品种的保存具有一套完整的技术体系。而中国在棉花的科学种植技术和棉花优质品种的培育与推广等方面具有优势性地位。另外，由于哈萨克斯坦的水资源的紧缺，哈萨克斯坦对农业节水灌溉技术有很强的需求。而中国在地膜覆盖技术和膜下滴灌技术方面具有丰富的经验和技术水平。

（2）农产品贸易合作

中哈两国区位优势明显，农业资源互补性较强，哈萨克斯坦棉花、粮食等土地密集型农产品优势明显，中国反季节蔬菜、水果、畜产品等劳动密集型、技术密集型农产品的优势明显。中哈两国道路联通后，连云港作为哈萨克斯坦向东的出海口，新亚欧大陆桥将释放更多的贸易潜力。

为挖掘海外农产品市场潜力，自2017年起，哈萨克斯坦实施出口支持政策。为落实该指示，哈萨克斯坦食品股份公司以自有资金出资设立农工综合体出口中心[①]。该中心在把哈国建成世界主要农产品出口国的发展框架下，将简化与其他国家的谈判程序，促进哈萨克斯坦农产品出口。目前，该中心与哈萨克斯坦出口保险股份有限公司以及哈萨克斯坦投资股份有限公司保持着密切合作，也将与哈萨克斯坦驻外机构协作，分析国外市场行情，制定开拓具体海外销售市场的推广路线图，提供包括合同维护和农产品预订等在内的出口咨询服务。

---

① 哈萨克斯坦谷物网.http://www.kazakh-zerno.kz/novosti/agrarnye-novosti-kazakhstana/237787-kazakhstan-uvelichit-eksport-agroproduktsii-v-kitaj-iran-oae-izrail-saudovskuyu-araviyu

与此同时，哈萨克斯坦还计划建立大型出口企业团体，搭建国外农产品市场出口渠道，提供出口合同相关保险和担保，并推广"哈萨克有机食品"等优质品牌。除上述工作外，哈萨克斯坦正在协调哈萨克农产品供给问题，与相关国家就兽医和植物检疫问题进行磋商，并针对在第三国降低进口关税问题展开谈判。2017年6月，习近平主席在访问阿斯塔纳时签订了从哈国进口羊肉的协议，哈萨克斯坦希望与中国进一步协调兽医检验证书问题。同时，哈萨克斯坦与阿联酋也在进行类似协调。在兽医检验方面，哈萨克斯坦与伊朗已达成一致，获准向伊朗供应活羊、冷冻羊肉和冷鲜羊肉。同时，哈萨克斯坦已向以色列主管当局发出意向书，希望会商羊肉出口和兽医服务问题。截至2017年7月20日，哈萨克斯坦共计出口羊肉153吨，较上年同期增长4倍。

（3）农业投资合作

哈萨克斯坦经济开始步入持续增长阶段，但是国内现有投资能力远不能满足经济发展的需要。国情咨文"哈萨克斯坦—2050"战略将农业发展提升到前所未有的高度，并逐步认识到外资对农业经济发展的推动作用，积极开展投资环境建设的同时，也制定了相关外商投资优惠政策，对外资的吸引力不断增强。而中国目前在哈萨克斯坦的农业投资总体规模很小，企业数量也较少，仍处于起步发展阶段。"丝绸之路经济带"倡议为对哈萨克斯坦开展农业投资开启了一扇新大门，中国对哈萨克斯坦的农业投资合作除在中国具有传统优势的农产品种植、养殖、农业物联网技术方面有较大合作空间外，在农田水利基础设施建设、仓储物流、农业机械制造等多个领域的合作前景也较好，未来其更加开放的发展趋势将为中国企业带来更多投资机会。

哈萨克斯坦盛产小麦，畜产品资源丰富，但生产设备老化，85%的农机在15年以上，急需国外投资。据相关估计，仅农机一个行业，投资需求就达到3.2亿美元。由于商品价格的下降和俄罗斯经济衰退对其经济的影响，中亚国家正在越来越多地寻求来自中国的投资，以刺激经济增长。中国投资者也希望与哈公司合作投资加工厂。中国海外农业投资者已经由单纯的购置土地从事种养殖向投资高附加值农业产业转变。中国"一带一路"政策的主权基金已经向哈农业投了20亿美元，正在考虑投资中粮集团和日发项目，以及投资5800万美元给中国AIJIU公司和哈萨克斯坦北部的Imepx粮食加工企业。哈萨克斯坦农业部对中国公司投资其农业生产系统有很大的兴趣。哈萨克斯坦本国市场较小。同时，农产品价格与俄罗斯相比不具备优势，企业的目标市场主要是国内市场，打入俄罗斯市场较为困难。哈萨克斯坦食品生产结构主要分布情况如下：粮食加工业（19%），奶业（16%），面包和面粉烤制食品（15%），肉类加工（14%），果蔬（9%）、油脂行业（9%）和其他行业（17%）。哈土地资源丰富，但是生产成本较高，中国投资者面临的主要问题是如何提升农作物单产，降低生产成本问题。同时，哈萨克斯坦内市场容量较小，未来市场定位也是投资者需要考虑的主要问题[①]。

（三）合作重点

1. 重点领域

（1）农业技术合作

中国对哈萨克斯坦推广的农业技术主要包括农作物种植、农作物栽培与管理技术、农业生产资料生产技术、农产品贮藏运输和深加工技术等。其中，中哈的农业技术合作应重点关注以下几个方面。

农业机械。由于哈萨克斯坦农业生产技术落后，因此引进先进适用的农业生产技术和设备是很有必要的。哈萨克斯坦把提高农业现代化水平，引进农业生产技术和设备作为国家战略。哈萨克斯坦国情咨文"哈萨克斯坦—2050"提出"必须实现现代大规模农业现代化""大大提高粮食产量，首先是依靠新技术的应用"，强调了对世界最新技术的渴望与需求。中国可以与哈萨克斯坦加强这方面的合作，充分发挥中国涉农工业生产的相对优势。

农产品加工技术。目前，哈萨克斯坦加工业正积极吸引外来投资和先进技术，国家也对加工业生产给予优惠政策。哈萨克斯坦鼓励外资新建和在原有老企业基础上并购，对其进行现代化改造，并努力为外资创造便利条件。中国应该利用这一有利时机，以合资合作、境外加工等方式实现生产的本地化，扩大中国产品在哈萨克斯坦的市场占有率。

物联网技术。农业物联网在改善生态环境方面有广阔的应用前景。哈萨克斯坦河流多为内流河，气候极其干燥，蒸发量大，雨水稀少，植被以草原荒漠为主，水资源短缺。哈萨克斯坦以棉花种植为主要经济作物，棉花用水量大。近年来，美国等发达国家开始用传感器等技术应用在节水灌溉，哈萨克斯坦多次提出希望中国与他们多开展相关技术领域的合作。因此，中哈在旱作农业、滴灌技术、蝗虫治理等方面有较广阔的合作前景。

（2）农业投资规模

农业始终是吸引外商投资的重点领域。哈萨克斯坦政府希望扩大从中国进口和投资农资，2009年，哈萨克斯坦政府把钾肥生产项目确定为国家战略性投资项目。目前，在食品和饮料业加工、饲料加工业、种植业和畜牧业等方面，中哈两国都存在农业投资合作。由于哈萨克斯坦依靠丰富的矿产资源，重点发展重工业，缺乏对农业生产相关的投资，严重缺乏农业机械。在技术、设备、基础设施和农业生产资料方面，中国可以与哈萨克斯坦进行合

---

① 资料来源：http://www.ft.com/cms/s/0/9c84a0f4-15d3-11e6-9d98-00386a18e39d.html

作，鼓励国内企业在这些国家投资，利用两个市场和两个资源开发一个巨大的投资机会。

（3）农产品贸易

中哈两国是农产品互补性国家，在农产品进出口方面可以进行很好的互补来满足两国的需求和发展，所以他们应该扩大其农产品贸易的规模。他们都可以在进出口关税、关于农产品的价格的贸易协议等方面给对方一定的优惠待遇。另外还制定相关的贸易政策，扩大对农产品进出口双方的规模。哈萨克斯坦可以向中国出口棉花、羊毛和干果制品等特产，中国进口茶叶、水产品、蔬菜、玉米等农产品。

2. 重点产业

（1）产业布局方面

通过对中哈两国的贸易互补性进行分析可以看出，两国在初级产品产业方面的互补程度相对较大，其他产业的互补性相对较小。在产业互补方面，在初级产品方面哈萨克斯坦具有较强的竞争力，然而在制成品方面中国具有较强的竞争力。

哈萨克斯坦对中国进口以小额贸易为主，出口品种繁多，大宗出口商品所占比重较低，但是存在"小而散"的特征。哈萨克斯坦对中国出口以大宗商品为主，品种少但出口较集中。中国应调整贸易方式，充分利用新疆与哈萨克斯坦的地缘优势，坚决实施新疆"东联西出，西来东去"贸易战略，但"东联"的重点应放在新疆承接东部沿海发达地区产业转移上，大力发展新疆面向中亚的出口加工基地建设，"西出"的重点应放在加强面向中亚市场的境外投资上。只有将中国新疆与哈萨克斯坦的经贸合作从边境小额贸易的层次提升到双方产业层次的相互依赖与合作，才能真正提升目前中哈双边贸易合作的水平与质量。

（2）项目合作方面

在种植业合作方面，例如，中国新疆农业科学院与哈萨克斯坦开展了小麦、棉花、瓜果等农作物的育种材料、优良品种的交换等方面的科技合作、从哈萨克斯坦的国家引进了先进棉花品种，并取得了较好的经济效益。

在畜牧业合作方面，中国与哈萨克斯坦农业科学院养羊研究所、饲料与草场研究所等机构开展了牛羊饲养、牧草选育、草场改良、畜病防治等方面的合作研究，交换了牧草与家畜的优良品种以及相关的技术资料。2010年5月，新疆畜牧科学院与哈萨克斯坦农业部科学院签订共建中国新疆—哈萨克斯坦畜牧研究中心意向备忘录，分别在新疆畜牧科学院和哈萨克斯坦农业部科学院成立中国新疆—哈萨克斯坦畜牧业研究中心；在草食家畜遗传育种、草资源保护利用、动物疫病预防控制、动物营养与饲料、畜产品加工和畜牧生物等技术研究领域开展合作交流、人才培养；落实了中哈"羊毛羊绒生产质量控制技术体系的建立与应用"国际合作项目的具体实施地点等。

五、中哈农业合作建议

（一）合作领域

中哈的合作不仅是产品、资金和项目的合作，更是技术和人才的合作，是农业产业体系的深度融合。

1. 扩大农产品贸易规模，强化贸易合作

中国和哈萨克斯坦之间的农业贸易仍然是基于农产品的贸易。两国农产品进出口结构互为补充，因此应扩大两国农产品的贸易规模。双方在面对农产品进出口关税和农产品价格时可以签订一些贸易协定，并给予一定优惠，以扩大双方农产品的进出口。

2. 加大农业直接投资，深化投资合作

为了深化中哈的农业合作，加强中国在哈萨克斯坦的农业直接投资是有效途径。中国是世界上人口最多的国家，土地资源稀缺，特别是人均耕地面积更少，在哈萨克斯坦还有很多土地没有开发利用。中国可以充分发挥互补优势，积极协调中国丰富的农业劳动力资源和哈萨克斯坦丰富的土地资源，将农业劳动力的运输及先进的生产经验和技术引进哈萨克斯坦，直接在哈萨克斯坦进行农业生产。

3. 加强农业技术推广，推动科技合作

作物种植和管理技术、农产品储藏、运输及深加工技术以及农业生产资料的生产技术是中国在哈萨克斯坦推广的主要农业技术。虽然哈萨克斯坦在某些特产农产品中具有技术优势，但为了促进中国农业生产的发展，中国也可以引进和吸收哈萨克斯坦的相关优势技术。除了满足哈萨克斯坦国内市场以外的国内市场需求外，还可以依靠中国先进的加工技术和包装技术来改善干果的软质状况，绕开进口关税壁垒，改善国际销售市场。

（二）合作推进方式

1. 充分发挥新疆在中哈两国农业经贸合作中的作用

新疆地处亚欧大陆腹地，陆地边境线 5600 多千米，与哈萨克斯坦等 8 国接壤，在历史上是古丝绸之路的重要通道，现在是第二座"亚欧大陆桥"的必经之地，战略位置十分重要。由于地理位置相似，新疆与哈萨克斯坦具有类似的民族文化习俗和互补的经济现状。另外，随着中国西部大开发政策的实施，新疆和内地省份之间的关系大大增强，许多企业开始在新疆定居，新疆已逐渐成为边境枢纽，特别是哈萨克斯坦的一个重要开放中心。因此，新疆与哈萨克斯坦在中国农业合作的作用是非常重要的，新疆和哈萨克斯坦应积极利用固有的

优势，努力创造条件，促进哈萨克斯坦农业健康、快速、稳定的发展。

2. 以建设丝绸之路经济带为契机，全面推进对西开放

从政府的角度来看。政府和相关政策制定者应尽快向西部开放主要渠道和相关口岸。渠道不畅是中国对外开放的一个关键因素，影响着中国对外贸易的发展。建议从全球战略布局的角度出发，尽快向西开放关键的通道。

从企业的角度来看。在哈萨克斯坦投资的企业应密切关注"丝绸之路经济带"建设的信息，提前进行信息规划，从而发挥各自的企业优势，争取抢占制高点的地位来进行下一步的发展。主动加强与政府之间的沟通，及时了解国家的"丝绸之路"经济区的最新趋势和政策，与此同时，争取获得国家层面的支持，与国际组织、外国政府和企业建立更广泛的联系。

3. 强化政府提供信息服务与支持的职能

由于企业通过出口农产品来开拓海外市场时，出口商通过市场信息进行决策往往受到限制，很多中小企业缺乏对中亚市场的农产品出口信息的了解，在关于出口的决策上有一定程度的盲目性，因此，政府为相关企业提供相关的信息技术服务和支持是迫切需要的。第一，政府应建立和提供农业信息共享体系，保持信息渠道和信息系统的开放；第二，政府及时发布在中国制定和修改的关于对外贸易政策，以及农产品出口检验检疫、海关通关等技术法规和标准等有关法律、法规，使农产品出口相关企业准确把握国内政策和要求，做好充分的准备，提高通关效率。第三，建立有效的农产品信息发布机制，哈萨克斯坦政府跟踪收集、分析并及时发布哈萨克斯坦的农业生产和需求趋势以及政策的变化；第四，及时收集、整理、跟踪哈萨克斯坦的技术性贸易壁垒，以供查询避免和预防措施的信息，并通过各种渠道进行信息的更新。

（三）合作措施建议

1. 加强政府间交流合作

中国政府要和哈萨克斯坦政府继续加强友好合作的关系，使中国企业的对外投资相关法律和制度不断健全，通过法律、法规与特殊政策的制定促进中国对外直接投资的顺利进行。中哈两国可以通过建立多种交流的途径和方法进行双发信息的互通，从而进一步加强交流和合作意识，进一步促进合作效率，从而实现更好的合作和发展。

政府之间的交流是农业交流和合作的基础和前提，中哈两国应加强政府层面的交流，建立农业投资和农产品贸易的两国高层对话机制，签署双方间的农业合作协定。还可以建立和形成两国间农业部长联系会议制度，定期召开农业部长会议。保证农产品出口的便利和畅通。

2. 增加企业间贸易互通

中国与哈萨克斯坦之间有着短距离、低运输成本的自然贸易环境，特别是在蔬菜和水果等新鲜农产品贸易中，运输距离和时间优势在很大程度上提高了企业的贸易竞争力。因此，中国相关企业可以利用自己的特点和优势，与哈萨克斯坦在各方面的资本和技术上加强合作，加强在农业机械、农业生产、农产品加工等领域的合作投资，也可以签订长期合作合同，加强土地租赁和农机租赁合作；或通过企业管理，建立农产品运输和营销合作，建立农业技术合作交易会组织的农产品展览互助办公室，还可以在农业生产领域开展研究开发和技术合作。

3. 加强农业内部协同发展

不同地区、不同部门的农业生产技术和质量标准等存在很大的差异，中国和哈萨克斯坦不仅是加强宏观的农业合作，还应在不同的地区建立不同部门、不同行业或不同专业的合作，如食品行业之间合作，棉花蔬菜生产部门的合作，瓜果生产加工部合作，猪、牛业合作等，提高合作效率，做好农业合作。

参考文献

华毅.2013.新疆与中亚农产品贸易浅析[J].中国证券期货,(3X):153-154.

户国,马卓君,王炳谦,等.2017.中亚五国内陆渔业产业衰退析因及其重振策略探讨[J].淡水渔业,47(05):106-112.

李承鑫,周慧.2016.哈萨克斯坦经济金融发展及其对我国新疆的影响[J].金融教育研究,29(2):37-42.

李芳芳,李豫新,李婷.2011.中国新疆与中亚国家农业区域合作存在的问题及制约因素分析[J].世界农业,(11):10-14.

李钦,许云霞.2010.中国与哈萨克斯坦双边贸易发展问题研究[J].特区经济,(3):80-81.

刘昌龙,强始学,李兆伟.2014.投资哈萨克斯坦农业的影响因素、风险及对策研究[J].世界农业,(10):49-55.

蒲开夫,王福,刘艳.2009.独立后哈萨克斯坦的农业状况[J].欧亚经济,(11):37-44.

热依莎·吉力力,ISSANOVA Gulnura,吉力力·阿不都外力.2018.哈萨克斯坦水环境与水资源现状及问题分析[J].干旱区地理,41(03):518-527.

宋洁.2013.构建新疆企业投资哈萨克斯坦农业风险的应对机制研究[D].新疆农业大学.

王海燕.2009.中哈农业合作面临的挑战和机遇[J].欧亚经济,(8):40-49.

王建新.2012.哈萨克斯坦东干人的民族教育与群体建构[J].西北民族研究,(2):170-180.

夏咏.2010.中国与哈萨克斯坦农业经贸合作研究[D].新疆农业大学.

徐海燕,沈晋.2003.新疆近邻——东哈萨克斯坦州[J].欧亚经济,(4):14-17.

岳萍，杨卉.2007.哈萨克斯坦教育科学部国家农业研究中心［J］.中亚信息，（8）：28-32.

于敏，柏娜，茹蕾.2018.哈萨克斯坦农业发展及中哈农业合作前景分析[J].世界农业，(1):60-64，99.

赵常庆.2013.哈萨克斯坦的2030/2050战略——兼论哈萨克斯坦的跨越发展［J］.新疆师范大学学报：哲学社会科学版，（3）：37-42.

张宁.2014.哈萨克斯坦的粮食安全现状［J］.欧亚经济，（1）：73-89.

张晓慧.2015.解读"一带一路"新形势下境外投资的法律风险管理［J］.国际工程与劳务，（1）：35-36.

张小云，吴淼，陈曦，等.2010.哈萨克斯坦生物多样性及其与中国新疆的比较［J］.干旱区地理（汉文版),33（2）：183-188.

朱怡洁.2012.新疆和中亚区域农业合作的现状、模式与对策［D］.新疆财经大学.

乌兹别克斯坦

乌兹别克斯坦是位于中亚腹地的"双内陆国"，作为中亚地区的农业大国，农业在国民经济中具有极其重要的地位，主要作物有小麦、棉花、水稻和玉米。棉花是重要的支柱产业，是世界第五大棉花生产国、第二大棉花出口国，也是中亚地区重要的水果蔬菜基地和世界第三大丝绸生产国。中乌两国农业具有很多相似性和互补性，双方自1992年建交以来，在农产品贸易、投资和科技等方面的合作发展迅速。在农产品生产加工、农业科技、节水灌溉和环境治理等领域合作前景非常广阔。随着农业"一带一路"合作的具体展开，双方农业合作将翻开新篇章。

一、国家基本概况

（一）地理位置与人口情况

乌兹别克斯坦共和国（简称乌兹别克斯坦）是位于中亚腹地的"双内陆国"，北部为哈萨克斯坦，南部为阿富汗，东南部为塔吉克斯坦，东北部为吉尔吉斯斯坦，西南部为土库曼斯坦，总面积44.74万平方千米，首都为塔什干。

乌兹别克斯坦是中亚地区的人口大国，2016年人口3212.1万，占中亚5国总人口一半左右，共有134个民族，其中乌兹别克族占78.8%。乌兹别克斯坦的人口主要集中在中部、东部和南部，西部和北部沙漠地区人烟稀少。

乌兹别克斯坦城市人口占总人口的50.6%，其中首都塔什干人口最多，常住人口达237.10万人。乌兹别克语为官方语言，这是一种用拉丁字母书写的突厥语，使用人口约占85%。此外俄语运用也非常普遍，是广泛使用的第二种通用语言。

（二）政治与经济情况

乌兹别克斯坦历史上曾是中亚河中[①]地区一部分，是著名的"丝绸之路"古国，通过"丝绸之路"与中国有着悠久的联系。乌兹别克斯坦20世纪曾经是苏联的一个加盟共和国，1991年脱离苏联成为独立的主权国家，作为一个单一的立宪共和国，由12个州、1个自治共和国和1个首都组成。乌兹别克斯坦宪法规定，国家政治体制实行立法、行政和司法三权分立。议会作为最高会议行使立法权，总统领导的内阁行使国家行政权，法院系统履行司法

---

① 河中，英文transoxiana，指中亚锡尔河和阿姆河流域以及泽拉夫尚河流域，包括今乌兹别克斯坦全境和哈萨克斯坦西南部。中国古代称之为"河中"，近代称之为"河中地区"，现代称之为"中亚河中地区"。河中为古代欧亚陆路主商道丝绸之路重要通道；自波斯帝国前后，该地区在大多数时间为各个伊朗语民族与突厥语民族所统治

权。自独立以来，乌兹别克斯坦政治局势一直较为稳定，政治体制的过渡也相对平稳。

乌兹别克斯坦自然资源丰富，是独联体中经济实力较强的国家，经济实力仅次于俄罗斯、乌克兰和哈萨克斯坦。乌兹别克斯坦主导产业主要是棉花、黄金、铀和天然气，据乌兹别克斯坦国内统计数据，2016年GDP为199.33万亿苏姆（约合710亿美元），同比增长7.8%，其中工业增长6%，农业增长6.6%（其中果蔬产量增长11.2%）。2016年三产占比分别为：农业24.3%，工业55%，服务业10.7%。尽管向市场经济转型的目标已明确，但乌兹别克斯坦政府仍然重点发展有利于国内的"进口替代"产业。

二、农业发展现状

（一）农业资源条件

1. 气候资源

乌兹别克斯坦是一个干旱的内陆国家，处于内流盆地中，国内没有一条河流通向大海。乌兹别克斯坦河谷和绿洲中可以集中灌溉的土地面积不到10%，其余是巨大的克齐尔库姆沙漠和山脉。从地理角度看，乌兹别克斯坦全国可大概分为3个区[①]：一是沙漠、草原和半干旱地区，主要分布在中西部地区，面积约占全国的60%；二是肥沃的山谷地带，包括费尔干纳谷地，主要分布在阿姆河和锡尔河流域；三是东部海拔高达4500米的天山山脉和吉萨尔—阿赖山脉。

乌兹别克斯坦属严重干旱的大陆气候，大部分地区是干旱区和沙漠区。全国年平均降雨量仅为264毫米，降水范围从西北的97毫米到中部和南部山区的425毫米不等。在费尔干纳山谷地带，年平均降水量98～502毫米；而在塔什干境内，年平均降水量295～878毫米。乌兹别克斯坦气候特点是冬季寒冷，雨雪不断；夏季炎热，干燥无雨，昼热夜凉明显。1月平均气温0℃，7月平均气温28℃。

2. 生物资源

乌兹别克斯坦是中亚国家中最重要的生物多样性分布中心，由于特殊的地理位置，为动植物物种多样性提供了自然环境。乌兹别克斯坦登记的生物种类已超过2.7万种，其中，动物有1.5万种，植物、真菌和藻类约1.1万种。共发现97种哺乳动物、424种鸟和58种爬行动物和83种鱼，其中24种哺乳动物、48种鸟、16种爬行动物、18种鱼和78种无脊椎动物被列入国内的红皮书。

---

① FAO网站 http://www.fao.org/。除非特别标注，本章数据均据资料来均自于FAO

由于特定的地理和自然气候条件，乌兹别克斯坦森林资源较贫乏，森林面积覆盖率不到10%。据FAO数据，2016年全国林地总面积为320.88万公顷，森林全部为国家所有。由于荒漠化十分严重，乌兹别克斯坦将森林的功能定位为生态防护。除极少量木质林产品贸易之外，非木质林产品是林业的一大收入来源，还有其他森林经济活动，如林果采摘、林菌种养、蜜蜂养殖和中药材养殖，以及将林间抚育间伐物用于制作扫帚、竹篮等小型家具及生产生活用品。

乌兹别克斯坦的野生植物资源丰富，按其用途可分为野生食用植物、野生种质资源植物、野生药用植物、饲用植物、野生工业用植物及野生花卉。其中的野生药用植物约577种，野生工业用植物有663种，食用植物约350种，饲用植物1700多种，野生油料植物650种，野生花卉270种。

3. 水资源

中亚地处欧亚大陆腹地，为典型的大陆性气候，降水稀少，气候极其干燥，水蒸发量远大于降水量。乌兹别克斯坦水资源极其缺乏，主要河流有阿姆河、锡尔河和泽拉夫尚河，均为内流河。

乌兹别克斯坦有着丰富多样的自然环境。20世纪90年代之前过多地追求棉花产量，为了农业灌溉对水资源进行过度开发，空气和水受到很大的污染和破坏，农业工业遭受灾难性的后果。咸海曾经是地球上第四大内陆海，自20世纪60年代以来，随着咸海用水的过度使用，海水已经萎缩到原来面积50%以下，体积减小了3倍。

由于相关产业用水需求增大、水利系统发展缓慢和气候变化，乌兹别克斯坦的水资源匮乏问题逐步加深。根据2005—2050年气候变动预测，乌兹别克斯坦水需求量将从59立方千米增至62~63立方千米，水资源供应量将从57立方千米下降到54立方千米。由于水资源缺乏，农业灌溉不足，人们对咸海的过多依赖，使得咸海生态恶化、土壤盐碱化程度越来越高。国家将大部分水资源用于农业，农业用水占水资源使用量的84%，土壤因为长期灌溉水源的污染导致含盐度不断上升。棉花种植过程中杀虫剂和化肥的大量使用，也进一步加剧了土壤污染。

4. 土地资源

乌兹别克斯坦境内地势崎岖不平，大约3/4的地区为草地、沙漠和半沙漠。人口和经济主要集中在南部地区的塔什干市、撒马尔罕州、布哈拉州等地。据FAO统计数据，2014年，乌兹别克斯坦农业用地为2677万公顷，林地为320.88万公顷，其他用地为1256万公顷。在农业用地中，可耕土地为440万公顷，永久作物面积为37万公顷，永久草地和牧地面积为2200万公顷。

乌兹别克斯坦没有私人土地所有权，土地均为国家所有。1998年的《土地法典》规定了土地的出售、交换、捐赠和抵押等条件。不过据《土地法典》规定，个人在长期继承、临时使用、租赁和共有等条件下可以拥有土地。农民们也可以建立独立的农场作为独立的法律实体，租赁时间可以长达50年。乌兹别克斯坦国内最大的前国有农场Shirkats农场已被重组为集体股份制企业，占据了大部分的农业用地，约占所有农作物价值的50%。

土地盐碱化是乌兹别克斯坦面临的一个挑战。乌兹别克斯坦大部分的水都被用来灌溉棉花地，土地由于灌溉盐度含量较高的水源也受到污染。乌兹别克斯坦约有66%土地属于高度盐化类型。造成此类土地的原因主要是人工灌溉、排水量以及轮换耕作不足。为减少土壤中的含盐量，需要进行一系列清洗作业，这对水的需求量也将急剧增多。乌兹别克斯坦47%的灌溉地都有高度盐化及沼泽化的问题，弱盐地区的棉花产量下降了20%～30%，盐碱化较高地区棉花产量下降了80%。盐碱化土地面积不断增长，与此同时耕地以每年2万公顷的速度在减少。

（二）农业生产情况

1. 农业产值规模及构成

乌兹别克斯坦是一个传统农业国家，粮食可自给自足，农村人口占总人口的49.4%，农业就业人口占全国劳动力的30%。2016年，农业总产值48.43万亿苏姆（约合173亿美元），占GDP比重为24.3%，棉花产值约占农业产值的35%。种植业和畜牧业的产值比例为3:2，种植业占农业产值约的1/3。全国约80%的农田用于生产棉花和谷物，谷物中小麦的比重达90%。农产品生产结构中，果蔬栽培占比达40%以上，然而在耕种面积中果蔬作物种植面积占比不到总种植面积的20%。除棉花外，2016年农作物种植面积比重为：谷物9.6%，经济作物34.4%，瓜类和马铃薯45.3%，饲料作物10.9%。

2. 主要农产品产量

棉花种植业是乌兹别克斯坦的支柱产业，此外畜牧业、养蚕业、水果与蔬菜植物栽培等也具有重要地位。近年来，为了增加粮食供给，乌兹别克斯坦逐步增加了小麦的种植面积，并在适宜地区种植水稻。

（1）粮食

乌兹别克斯坦主要粮食作物是小麦，约占谷物总产量的90%，其次是玉米和水稻等。2016年，乌兹别克斯坦谷物总产量790.16万吨，同比减1.4%，马铃薯产量292.50万吨，同比增8.4%。主要谷物种植面积分别为：小麦144.63万公顷，玉米3.97万公顷，水稻7.23万公顷，大麦14.9万公顷。

2000年以来，乌兹别克斯坦粮食产量持续稳定增长。2000—2016年，小麦产量由368.42万吨增长到694.05万吨，近五年增速趋缓，2012—2016年年均增长1.2%；玉米产量由13.06万吨增长到47.47万吨，增长相对较快，年均增长8.4%。由于水稻种植对环境要求较高，受天气影响大，乌兹别克斯坦的水稻产量波动不定，2008年和2011年一度下降为11.37万吨和11.98万吨。相对于其他谷物品种，大麦的产量较低，2016产量为24.00万吨（图1）。

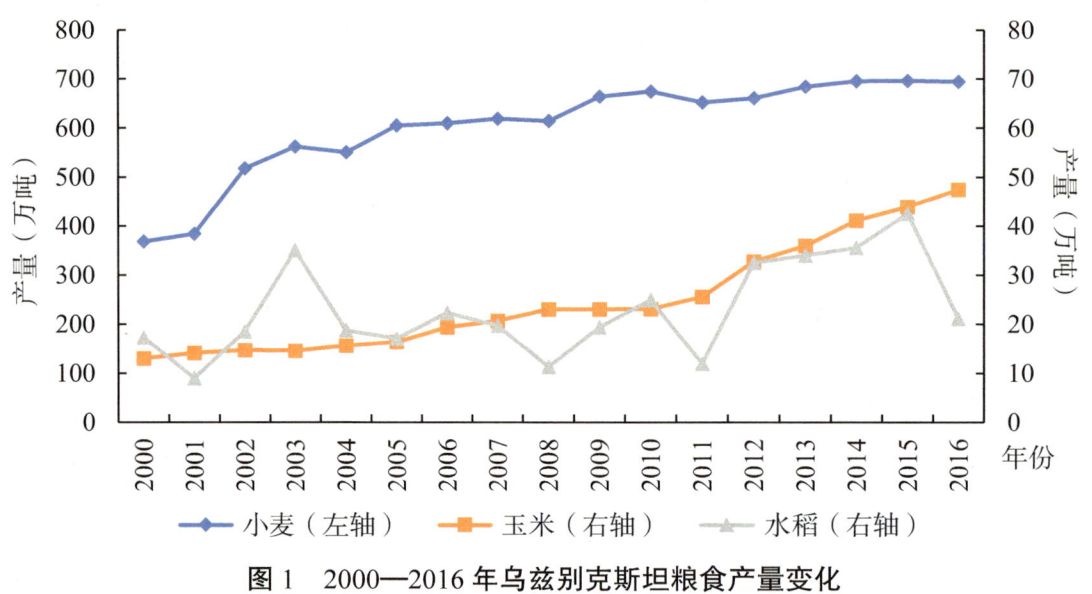

图1 2000—2016年乌兹别克斯坦粮食产量变化

数据来源：粮农组织统计数据库

（2）棉花

乌兹别克斯坦盛产棉花，素有"白金之国"之称，棉花种植已有两千年的历史。独特的气候环境，为棉花提供了充足的日照以及适宜的水土条件，使得棉花品质优良。在苏联时期，乌兹别克斯坦便是最重要的棉花生产基地，棉花产量占全苏70%。1991年以来，因为需要增加粮食作物生产，棉花的种植面积逐步下降，产量大幅减少。

进入21世纪，棉花产量逐步稳定，但近年来为增加粮食供给，棉花种植面积进一步减少。2000—2016年乌兹别克斯坦国内籽棉产量达由300.18万吨增加到330.75万吨，皮棉产量由2010年的97.50万吨增到2014年的110.67万吨，2016年产量减少为100万吨、出口80万吨。棉花种植面积由2000年的144.45万公顷下降为127.21万公顷，近年来单产保持在2600千克/公顷左右（图2）。

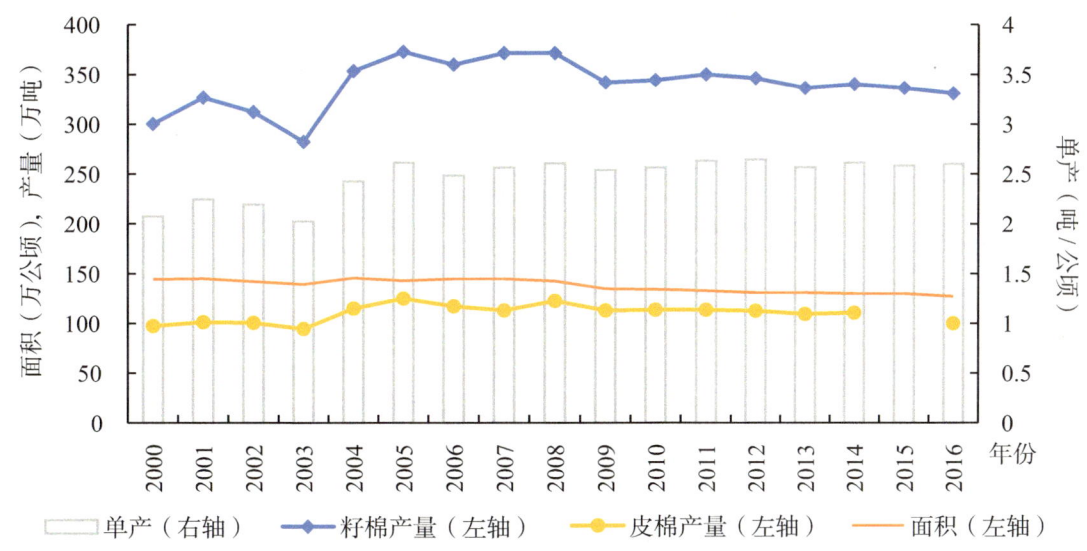

图 2　2000—2016 年乌兹别克斯坦棉花产量、面积和单产变化图

数据来源：粮农组织统计数据库

（3）畜产品

乌兹别克斯坦畜牧业有着悠久的历史，畜牧业以生产毛、肉为主，每年生产和出口大量羔皮。高质量的卡拉库尔羔皮年产量约 70 万张，占世界第二位。粗羊毛年产量 2 万吨左右。畜牧业养殖品种主要为牛、羊、鸡，在畜禽动物当中，鸡的数量是最多的，其次是羊和牛。此外，乌兹别克斯坦养蚕业发达，年产蚕茧约 1.60 万吨，占世界第 6 位。

2006 年以来，乌兹别克斯坦的畜牧业发展迅速，畜产品产量有了很大的增长（表 2）。2006—2016 年，奶类产量由 485.6 万吨增长到 970.3 万吨，翻了一番；蛋类总产量从 208.8 万吨增长到 611.2 万吨，增加了近 2 倍；肉类产量从 114.0 万吨增长到 217.2 万吨，增加了近 1 倍。

表 2　乌兹别克斯坦的肉、蛋、奶产量　　　　　　　　　　　　　　　　　（单位：万吨）

年　份	奶　类	肉　类	蛋　类
2006	485.58	68.12	11.70
2007	507.73	67.85	12.24
2008	549.55	72.15	13.35
2009	588.54	76.58	14.94
2010	624.32	81.83	17.16
2011	683.92	87.84	19.32
2012	738.63	93.90	21.72

(续表)

年 份	奶 类	肉 类	蛋 类
2013	796.35	100.37	24.63
2014	851.10	106.99	27.74
2015	910.95	114.07	31.01
2016	797.38	117.79	23.87

数据来源：粮农组织统计数据库

在所有的肉类产品中，牛肉所占的比重最大，其次是羊肉。2000—2016年，肉类总产量为从50.44万吨增长到117.79万吨，增长1.3倍；其中，牛肉从39.00万吨增加到89.46万吨，产量增长1.3倍。乌兹别克斯坦的畜禽肉类产量情况见表3。

表3　乌兹别克斯坦肉类产量　　　　　　　　　　　　（单位：万吨）

年 份	牛 肉	羊 肉	鸡 肉	猪 肉
2000	39.00	7.94	1.60	1.45
2005	51.81	7.36	2.13	1.60
2010	66.53	10.00	2.70	2.10
2011	66.75	13.80	3.66	3.00
2012	70.82	15.00	4.22	3.20
2013	75.00	16.60	4.50	3.50
2014	80.00	17.70	4.81	3.72
2015	85.00	19.12	5.20	4.00
2016	89.46	17.85	5.72	4.00

数据来源：粮农组织统计数据库

（4）水果和蔬菜

乌兹别克斯坦是中亚地区重要的水果和蔬菜产地。水果品种主要有葡萄、杏子、樱桃、苹果等；蔬菜品种主要有番茄、卷心菜、南瓜、胡萝卜、茄子和辣椒等。

水果方面，2016年乌兹别克斯坦生产瓜果654.91万吨，其中西瓜197.64万吨，葡萄164.23万吨，苹果112.02万吨。蔬菜方面，2016年生产各类蔬菜1053.87万吨，其中番茄264.80万吨，卷心菜和芸苔类蔬菜103.01万吨。

近年来，乌兹别克斯坦的蔬菜总产量增长十分迅速，2000年蔬菜总产量仅为264.51万吨，2016年增长了近3倍。蔬菜产量的增加主要是由于单产的提高带来的，2016年蔬菜平均单产达54.95吨/公顷，较2000年增1.9倍（图3）。

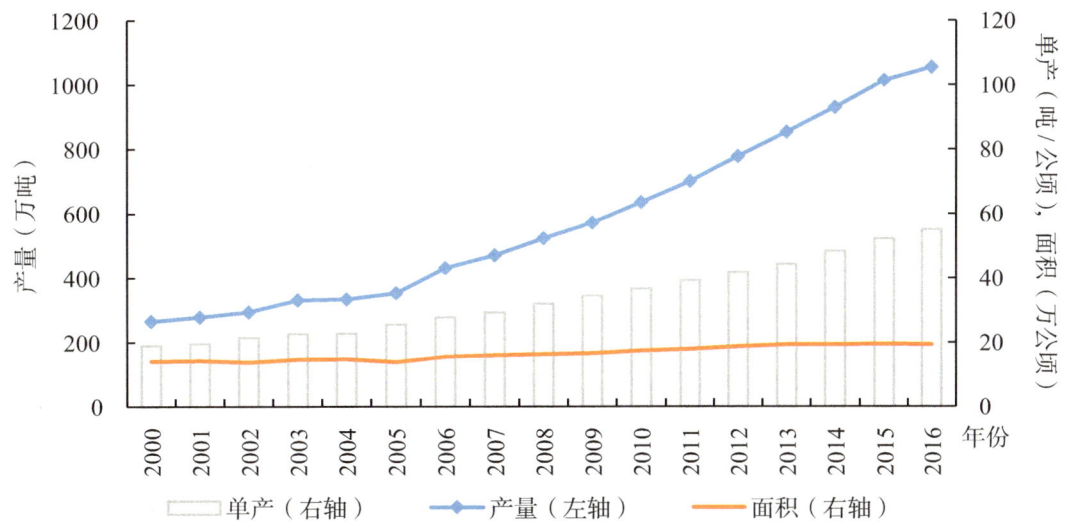

图3 2000—2016年乌兹别克斯坦蔬菜产量及单产变化

数据来源：粮农组织统计数据库

（5）蚕桑

除了棉花，蚕桑业也是乌兹别克斯坦的重要产业，全国14个地区中有7个州在经营蚕桑业，全国共有3个蚕桑和丝绸研究机构。乌兹别克斯坦是全球第三大丝绸生产国，其丝绸产品产量紧随中国、印度之后。蚕丝业作为出口创汇的重要产业为政府所重视。21世纪以来，乌兹别克斯坦蚕桑业稳步发展，以蚕茧产量为例，2000—2015年其产量由1.65万吨上升到2.50万吨，增长了51.5%（图4）。

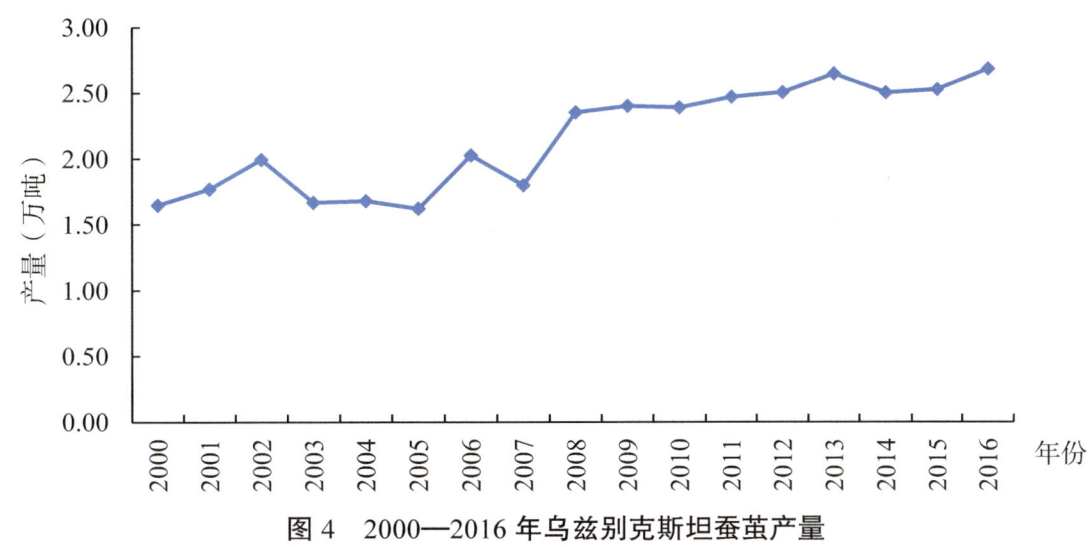

图4 2000—2016年乌兹别克斯坦蚕茧产量

数据来源：粮农组织统计数据

3. 主要农业产业布局

由于耕地面积有限，乌兹别克斯坦农业集约化程度较高，以对不同自然条件的土地进行充分利用。乌兹别克农业结构和特征可根据气候条件分为三个主要区域。

（1）山地和山麓地区

占国土面积的22%。该区域部分为高山植被，适宜用作牧场，平缓坡可用作牧地或种植耐旱作物，一些农业企业在此进行谷物种植和畜牧养殖，该区域一些地方还有果园和葡萄园。

（2）灌溉农业区

占国土面积的18%。该区域主要包括费尔干纳、奇尔奇克、泽拉夫尚河谷地、苏尔汉河州和阿姆河流域，是灌溉农业的主要区域，也是乌兹别克斯坦开垦程度最大的地区。主要产业为棉花生产及相应产业，同时也种植其他经济作物，如烟草、洋麻和油料作物。目前已形成的产业有果木业、葡萄种植业、蔬菜、瓜类和马铃薯生产业。部分灌溉区还种植水稻、玉米、高粱和苜蓿，一些地区还用于生产肉类、乳制品等畜产品。

（3）沙漠牧区

约占国土面积的60%。该区域能够用作耕地的面积很少，仅有东南部分地区可用作耕地，种植一些耐旱作物。还有一些地区被用作小型牧场，其中沙漠牧区有10家大型卡拉库尔绵羊养殖场。

乌兹别克斯坦的农业主要集中在水源较好的中部、东部和南部地区，如塔什干市、撒马尔罕州、费尔干纳州、安集延州和布哈拉州等地区。棉花基本在各地区均有分布，其中卡拉卡尔帕克斯坦共和国、安集延州、纳沃伊州、布哈拉州、撒马尔罕州的棉花产量最高，棉花单产也较高，平均每公顷产量达3000～3500千克。养蚕业在费尔干纳州最集中，其次为安集延州、纳曼干州和撒马尔罕州，国内最大规模的丝绸工厂位于费尔干纳盆地的马尔吉兰。乌兹别克斯坦国内对蚕茧原料和丝绸制品的需求量不大，部分蚕茧和废茧出口到中国、东南亚和日本等国。畜牧业以牛羊为主，主要分布在费尔干纳州、卡什卡达里亚州和纳曼干州等地区。家禽养殖企业主要分布在塔什干市、撒马尔罕州和安集延州三个地区，这几个地区供应了全国约50%的家禽产品。虽然乌兹别克斯坦在国内很多地区也种植小麦和玉米，在灌溉较好的地区种植水稻，但粮食总量依然不足，每年仍需要从国外进口。

（三）农产品贸易情况

1. 主要农产品贸易规模

乌兹别克斯坦主要出口棉花、鲜果、干果及坚果等，出口额占货物出口总额的16%，主要进口国内稀缺食品以及高度加工的农产品，进口额占货物进口总额的10%。从农产品贸易来看，乌兹别克斯坦处于顺差地位，但是顺差规模近几年来有所缩减（表4）。

表4 乌兹别克斯坦的农产品产量和进出口量 （单位：亿美元，%）

指　标	2013年	2014年	2015年	2016年	2017年
出口	21.97	16.83	16.80	15.57	16.54
占比	25.5	23.4	26.2	20.4	19.2
进口	13.15	13.37	12.26	10.56	11.70
占比	10.1	9.8	11.7	10.8	9.8
贸易差额	8.82	3.46	4.53	5.01	4.84

数据来源：联合国国际贸易中心贸易地图数据库（ITC Trade Map）

乌兹别克斯坦最大的出口商品是棉花、新鲜水果以及加工水果和坚果类；最重要的进口产品是植物油、小麦、蔬菜、新鲜水果和加工成品水果。根据国际贸易中心（ITC）Trade Map数据，2017年乌兹别克斯坦贸易总额为206.11亿美元，其中出口总额为86.31亿美元，进口总额119.80亿美元，贸易逆差33.49亿美元。其中，农产品出口中，棉花出口额9.05亿美元；食用水果及坚果出口额4.63亿美元；食用蔬菜，根及茎块出口额为1.64亿美元。在进口农产品中，动、植物油、脂及其分解产品进口额2.14亿美元，谷物进口额2.14亿美元（表5）。

从出口动态角度来看，乌兹别克斯坦最具发展前景的农产品类型是加工水果和蔬菜，以及坚果和豆类。果蔬产品的出口量占国家总出口量的9%，出口中约50%属于小型和私营业务。而且，乌兹别克斯坦果蔬出口量增长迅猛，2017年同比增长64.4%。

表5 2017年乌兹别克斯坦部分农产品进出口额 （单位：万美元）

HS编号	项　目	出　口	同比	进　口	同比	贸易差额
	货物总量	863103.60	13.2	1197996.10	22.1	-334892.50
52	棉花	90517.90	13.6	991.40	25.8	89526.50
08	食用水果及坚果等	46335.70	16.5	1618.50	25.1	44717.20
07	食用蔬菜、根及块茎	16424.30	-10.2	5199.00	343.1	11225.30
20	蔬菜、水果、坚果或植物其他部分的制品	2799.60	64.4	1175.40	17.4	1624.20
12	油子仁及果实、杂项子仁及果实、工业用或药用植物、稻草、秸秆及饲料	1948.60	-13.1	6719.40	37.9	-4770.80
09	咖啡、茶、马黛茶及调味香料	948.10	13.0	6349.40	25.7	-5401.30

(续表)

HS 编号	项 目	出 口	同 比	进 口	同 比	贸易差额
24	烟草、烟草及烟草代用品的制品	924.90	-18.0	1361.70	33.2	-436.80
10	谷物	96.60	-90.8	21364.70	-3.1	-21268.10
15	动、植物油、脂及其分解产品，精制的食用油脂、动、植物腊	17.50	-62.6	21423.80	-6.7	-21406.30
11	制粉工业产品、麦芽、淀粉、菊粉、面筋	14.50	-99.5	13180.30	-10.0	-13165.80

数据来源：联合国国际贸易中心贸易地图数据库（ITC Trade Map）

2. 主要贸易伙伴

乌兹别克斯坦农产品主要出口至俄罗斯和独联体国家以及中国，仅中国和俄罗斯两国的出口额即占农产品总出口额的 50% 以上，主要向中国主要出口大宗农产品，向俄罗斯出口日常消费农产品。进口主要依靠俄罗斯和独联体国家的供应，以及欧洲的日常消费农产品和农副产品的供应，2017 年俄罗斯和独联体以及欧洲三个地区的农产品进口占总进口的份额超过 70%。

表 6 2017 年乌兹别克斯坦农产品进出口区域　　（单位：万美元）

项 目	亚洲和大洋洲	非 洲	欧 洲	北美洲	拉丁美洲	中 国	俄罗斯	总 计
出口	111314.10	146.00	53331.60	585.10	63.90	42536.30	40261.50	165440.70
进口	67916.30	342.70	47880.90	439.60	442.50	6465.90	30483.90	117022.00

数据来源：联合国国际贸易中心贸易地图数据库（ITC Trade Map）

根据国际贸易中心（ITC）统计，在农业领域，2017 年乌兹别克斯坦前四大贸易伙伴是哈萨克斯坦、俄罗斯、中国和土耳其。从具体的农产品与国家来看，乌兹别克斯坦的棉花主要出口中国、俄罗斯、土耳其、伊朗、波兰、白俄罗斯、乌克兰和哈萨克斯坦等，其中中国和俄罗斯是最重要的两个出口国；水果和坚果等主要出口哈萨克斯坦、俄罗斯、土耳其、吉尔吉斯斯坦、中国和沙特阿拉伯等；肉类（活动物）主要出口俄罗斯和哈萨克斯坦。小麦为主要进口谷物，主要进口国为哈萨克斯坦，丹麦、俄罗斯和土耳其也有少部分进口；肉类和油脂进口国为俄罗斯，也有部分进口来源于马来西亚和哈萨克斯坦。

（四）农业科技发展

1. 农业科研机构

乌兹别克斯坦科学研究机构包括：科学协调委员会、国家科学院42个研究所和研究中心、相关部委约60个研究所、研究中心、47所大学（43所为本国大学，4所为国外大学的分校）。根据资源和产业状况，乌兹别克斯坦的主要科学研究方向为农业、矿山和制造业。乌兹别克斯坦科学协调委员会属内阁组成机构。

乌兹别克斯坦科学院成立于1943年11月，是参与制定和落实国家基础和应用研究、确定国家科技发展方向、解决所属科研机构组织结构的综合性部门。乌兹别克斯坦科学院有35个科研院所，其中包括水问题所、植物所、土壤所和动植物基因组研究所等涉及农业领域的研究所。乌兹别克斯坦的农业科学院所在棉花种植与加工、水果种植、保鲜和快速脱水技术等科研方面有突出表现。

塔什干国立农业大学成立于1930年，在20世纪就是苏联发展较好的8所农业大学之一，在乌兹别克斯坦农业大学中享有很高地位。塔什干国立农业大学教学资源条件丰富，教育和科研实力强大，为其国内培养了许多农业专业技术人员和科研人员。此外乌兹别克斯坦还有撒马尔罕农业学院、安集延农业学院等几所农业类高等院校。

2. 农业科技发展状况

乌兹别克斯坦对制造业极为重视，其国内的工业基础较强，是为数不多能够独立生产汽车的中亚国家。独立之后重建了控股公司，电气工程公司和耕种机器公司等大型机械制造企业，制定了《种植业和畜牧业的机器和工艺保障系统》，同时和欧美等国家建立合资企业，为国内提供农用拖拉机和采棉机等农业机械。

除了有利的自然条件之外，乌兹别克斯坦在棉花产业的长期发展过程中，已经形成了一套相当完备而先进的产业技术链条。乌兹别克斯坦极其重视棉花的育种研究，每年向国内的棉花科研机构投入大量的科研经费。棉花育种研究主要集中在塔什干的乌兹别克研究所、乌兹别克农科院扎依采夫棉花育种和良种繁育研究所和乌兹别克科学院实验植物研究所三个大型科研生产联合体中。

乌兹别克斯坦塔什干的棉花科研单位都设备齐全，人员集中，规模很大，其中扎依采夫棉花育种和良种繁育研究所的一座温室就占地1公顷。乌兹别克斯坦另一个重要的棉花研究所是国家棉花研究所安集延分部，成立于1930年，是苏联时期最主要和最重要的棉花育种科研单位和科研基地，在布哈拉和苏尔汉达里还设有棉花育种分支机构，服务于整个费尔干纳盆地乃至全国。

（五）农业管理体系与政策

1. 农业管理体系

乌兹别克斯坦政府机构包括15个部和8个委员会。乌兹别克斯坦农业和水资源部是农业和水资源的管理部门，农业和水资源部下设水资源管理总局专门负责水资源管理。农业和水资源部在1996年由农业部与水利部联合成立。其他地区的一级水资源管理机构均隶属于农业和水资源部。各地区水资源管理部门负责将水资源分配和输送到农场门口，帮助农场应用和改进灌溉技术，以及对水资源使用进行管理，并保障水资源的质量安全。水资源管理总局还负责农业研究和推广、农业土地开发，以及对农场灌溉网络进行管理和维护。林业主管部门也是专门负责林业管理，于2000年在原来的国家林业委员会的基础上设立。

乌总统令通常会直接影响农业经营活动，各部委则依据总统意见具体负责各项政策执行和管理。部长内阁和地方国家机构内阁是负责制定和执行土地法律条例的主要机关，国家土地资源委员会根据法律执行土地政策，法院和法律企业负责处理公民之间的土地司法纠纷。

乌兹别克斯坦通过很多国有控股公司对农业品的生产、加工和贸易进行经营和管理。例如，在国家采购的框架内，"乌兹别克食品工业控股公司"提供各类农产品，后期出口或进行内部加工。"乌兹别克农业出口公司"是规模最大的水果蔬菜出口国有控股公司，该公司于2016年由"乌兹别克食品控股公司"成立，受总统令（从2016年4月7日起）委托对新鲜农产品进行集中化出口。

2. 农业支持政策

水资源和土地政策的实施目的是为了提高土地和水资源的利用效率和土地生产率进而增加农业产量。乌兹别克斯坦的土地所有权属于国家，但土地可以租赁使用。1991年脱离苏联之后，乌政府将集体经济、农场经济和农户经济确定为市场改革方向，确定了农村经营的法律组织形式，把农场经济作为优先发展对象，对农场给予用水、土地、财税等很多优惠政策。乌政府保持了苏联时期中央计划系统的很多方面，控制棉花种植面积和产量，每年制定收购价格。近年来政府也逐渐放开对农民生产许多方面的控制，特别是土地和水资源管理的相关方面。

乌兹别克斯坦还通过一系列农业管理体制、金融信贷体制和物资技术保障体制，对农业进行财税支持和大量补贴。在苏联时期，棉花是受补贴最多的作物之一，政府以较低的价格为农场提供投入品，政府银行系统以优惠利率将信贷分配给国有企业。如今国家仍然在控制、垄断和补贴农业生产投入。乌兹别克斯坦从1993年开始建立了一系列农业投入的国有机构，提供诸如机械和肥料等，对棉花和小麦等重要农产品，给予大力的补贴支持。政府还

(续表)

序号	优惠
2	根据附件1，在2021年1月1日前对进口育种材料、技术和辅助设备，生产饲料的原料，养殖家畜、家禽和鱼类，生产混合饲料、饲料添加剂、兽用疫苗和药物的生产经营实体，免除关税（不含清关费用）。 根据附件2，在2021年1月1日前对农民和其它组织进口的根茎、苗木、滴灌设备，免除关税（不含清关费用）。

资料来源：乌兹别克斯坦农业水利部

（二）农业优势与潜力

乌兹别克斯坦地处中亚腹地，地理位置优越，人文历史悠久、氛围浓厚，甚至被很多人视为控制欧亚大陆进而控制整个世界的"心脏地带"。乌兹别克斯坦政局较稳定，经济发展速度较快，近几年GDP年增长率均超过7%，是中亚地区经济发展最快的国家。国内农业劳动力资源丰富，为中亚第一人口大国。政府高度重视改善民生，提高居民生活质量，居民生活成本较中亚周边国家较低。

乌兹别克斯坦是个农业国家，农业自然条件得天独厚，年日照时间可达2700～2980小时，农产品种类丰富。乌兹别克斯坦属于温带大陆性气候，光照丰富，温差大，土壤比较肥沃，自然条件非常适宜棉花种植。水果、蔬菜、畜牧业在中亚中也存在一定优势，是中亚农产品市场的一个重要战略基地。乌兹别克斯坦农业科技能力较强，在苏联时期，其研究所多属于苏联科学院体系，涌现了一批杰出的科学家；独立之后，经过20多年的发展，农业科研在很多领域得到良好的发展，特别是在棉花方面，已经独立孕育出了一批优良的棉花新品种。

乌兹别克斯坦是中亚地区重要的工业国家，具有良好的工业基础，建立了重工业到轻工业，到农产品加工业重要的工业等一系列企业，工业产品的科技含量较高。乌兹别克斯坦具有生产农业机械和汽车的能力，在农业机械方面和德国、美国发达国家企业合资建立机械公司，为国内提供了很多大型农业机械，也促进了农业机械化和现代化发展。乌兹别克斯坦政府还积极推动工业园建设，目前已在国内建立了吉扎克自由经济特区、纳沃伊自由工业经济区和安格连工业特区三个经济特区。

（三）风险分析

1. 政治风险

乌兹别克斯坦所在中亚地区政治环境存在一定风险。苏联解体后，乌兹别克斯坦与吉尔

三、农业投资环境

(一)国家商业环境

1. 营商环境

世界银行发布的《2019年营商环境报告》的190个国家排名中,乌兹别克斯坦排名进一步提升,为第76名。当前,乌兹别克斯坦目前正在努力改善国内商业环境,以提高国内的投资吸引力。截至目前,乌兹别克斯坦在深化经济改革和促进经济发展领域的法律法规达400多个,其中最重要的法律包括《外国投资法》和《外国投资者权利保护法》。乌兹别克斯坦与近50个国家和地区签订有《相互鼓励和保护投资协定》,同时加入多个国际条约。乌兹别克斯坦的外债比较少,不到国内生产总值的20%,预算实际上始终盈余。根据乌兹别克斯坦数据[1],2015年私营经济占整个经济比重82%;企业所得税从20世纪90年代的45%降至2015年的7.5%;个人所得税从最高60%降至最高23%,增值税从30%降至20%;统一社会税从40%降至25%(中小企业为15%);中小企业单一税从15%降至6%(工业领域为5%)。

乌兹别克斯坦对外汇管制、金融财税和外籍劳工等管理较严,国家在一定程度上采取进口替代的贸易政策。虽然很多政策在逐步改进和完善,但对外国投资仍有受到很多限制。此外,乌兹别克斯坦法律规定,境外投资人不能将创造的收入以现金方式带走,转账也设置了重重障碍[2]。这一项政策如果不加以改善,可能会极大阻碍外国资本的投资热情。

2. 优惠政策[3]

相关优惠政策见表7。

表7 优惠政策

序号	优 惠
	农业企业税收和海关优惠
1	下列土地免征统一土地税: 法律实体自引入滴灌系统当月起5年内,使用滴灌的部分土地免征统一土地税。 需要缴纳统一土地税的农产品生产者也享受土地税优惠,但是需要符合本税法第282条第二部分的规定。

---

[1] 乌兹别克斯坦投资环境不断改善. http://uz.mofcom.gov.cn/.
[2] 中国国家地理网. 乌兹别克斯坦:桑与棉编织的国度. http://www.dili360.com/
[3] 农业部对外经济合作中心,乌兹别克斯坦政府对外国投资者和外商投资企业的优惠政策. http://www.fecc.agri.cn/ggxxfu/ggxxfw_tzdt/201711/t20171114_316603.html

年后减半缴纳利润税的优惠政策。④ 对在偏远农村建立民用消费品生产和深加工的外资企业，根据外资规模确定利润税、财产税、社会基础设施及美化设施发展税、环保税、小公司小企业统一税及道路基金费的优惠程度。⑤ 若外资企业生产的产品用于出口，则2年内免缴利润税，增值税可缓交。2年免税期后，根据出口创汇额占销售总额的比例减免"两税"（利润税和财产税）：出口创汇额占销售总额的15%～30%，"两税"均减免30%；出口创汇额占销售总额的30%以上，"两税"均减免50%。⑥ 对注册资金中外资超过50万美元的合资企业，则免征财产税。⑦ 作为投资引入的技术设备（车辆除外）免缴增值税（20%）和进口关税，其他生产所需原料（包括原材料、设备、零部件）等免缴进口关税。⑧ 在乌兹别克斯坦直接投资超过5000万美元的外国企业法人从本国进口自身所需产品，则免缴进口关税。⑨ 外资企业由出口自身产品所获得的外汇收入，纳税后全部由企业支配；合资企业在国家交易所享有优先换汇权利；外国投资者可自由地将合法经营所得利润及其他资金以外币形式汇往境外。此外，乌兹别克斯坦还对按照合同临时进入乌兹别克斯坦参加农业展销会的外国农产品样品实行关税优惠。

为了进一步改善食品安全状况，保障国内基本食品供应，促进农产品出口增长，乌兹别克斯坦将改善农产品种植结构，逐步减少棉花种植面积。根据总统确定的食品纲要，乌兹别克斯坦将在2015—2019年分阶段优化棉花种植面积，棉花单产低的地区将不断被改为种植适宜的水果蔬菜品种，以腾出部分土地来种植水果、蔬菜、马铃薯和其他作物。

此外，乌兹别克斯坦将在一些处于修养状态下的贫瘠且低产量的土地上交替性种植马铃薯（3.6万公顷），蔬菜类（10.1万公顷），饲料作物（5.09万公顷）和油料作物（1.52万公顷），新式集约园（2.08万公顷）和其他作物（1.2万公顷）。逐步对现有老式菜地和葡萄地采取集约化种植，建造新式集约种植地，采用高农业技术措施种植果蔬产品，使高产量集约型菜地从2015年的2.8万公顷（12%的占地面积）增加到7.8万公顷（28.3%的占地面积），预计到2020年集约菜地的农产品产量将至少增加3～4倍。

乌兹别克斯坦将继续采取措施促进种业发展，优先选择抗干旱和抗盐碱的棉种和谷物。与此同时，为满足市场对现代化农业机械的需求，乌兹别克斯坦将推动本国农机生产厂与国外知名企业合作，生产先进的拖拉机、采棉机和粮食作物联合收割机等设备。乌兹别克斯坦实施了2013—2017年土壤改良计划，建设和改造国内的水利设施，安装现代化节水设备，改良140万公顷水浇地，以提高农作物产量。通过引进节水技术，扩大滴管系统，每年可节约灌溉用水10亿立方米。此外，在农产品加工方面，乌兹别克斯坦计划实施391个食品工业投资项目，建设2000座冷库，使总的冷藏量达到200万吨。

对农业提供信贷补贴，采取低利率或是冲销的方式，尤其是对于国内的国有农场，给予了大量的补贴。

目前乌兹别克斯坦对棉花实行的是统购统销政策，国内只有三家国有企业可以从事棉花收购和销售活动，且国家对价格实行统一定价。政府设立专门机构负责棉花的生产、加工、收购和运输，以前的主管机构是"棉花工业部"，现在是"全国棉花工业协会"。乌兹别克斯坦垄断式经营使得市场缺乏竞争，生产机器老化更新慢，导致棉花产品质量不高，有的棉籽出绒率只有32%。为了促进棉花生产，近十年来乌兹别克斯坦政府制定了多项措施，大力提升棉花质量。

外国企业在乌兹别克斯坦获得土地的政策。根据乌兹别克斯坦649号总统令，无论是国内法人还是外国投资者使用乌兹别克斯坦土地，都需要申请办理土地使用许可。按照282号内阁令，土地使用许可由乌兹别克斯坦地质部门组成委员会进行审查，由乌兹别克斯坦内阁批准。取得土地使用许可后，用地单位应与土地所有者签署合同，并向当地政府申请批准。当地政府以决议方式批准申请和所需费用数额，双方按要求签署文件，支付费用即可。按照736号内阁令，签署合同后，用地单位应到乌兹别克斯坦地质部门办理土地使用注册。按照用地时间的长短，在乌兹别克斯坦的征地方式主要分为临时征地和永久征地。临时征地：用地时间长为3年。实际征地过程中，征地时间为1年，到期后办理延期。外国投资者可通过签署合同的方式取得土地使用权。使用土地的法人组织应按照合同向土地所有者支付费用。永久征地：用地时间为3～10年。10年之后需要办理延期，办理方法同临时征地。不同的是，使用土地的法人组织应按照282号内阁令的规定向税务部门纳税。而且应按照736号内阁令的规定，到有关国家机关登记注册。在办理征地过程中，经常发生土地补偿费用之外的费用，土地所有人或农场主有时会索要更多的费用。如果所征用的土地处在城市，也会发生一些问题。如难以达成一致，则需签署补偿合同，得到政府部门审批等。乌兹别克斯坦不允许外资获得农业耕地和林地的所有权或承包经营权。

乌兹别克斯坦农业投资税收政策。乌兹别克斯坦从2006年起实行的企业法人利润税税率为12%，但从2007年起改为10%；现行增值税税率为20%，海关进口税税率为5%～30%，财产税税率为3.5%。而对投资农业的外国企业，乌兹别克斯坦实行如下相关优惠政策：① 从事农产品（葡萄酒、果酒及其烈性饮料除外）、日用品、建筑材料、医疗设备、轻工产品、食品生产和加工及再生资源、生活废料的处理和加工的外资企业，自注册之日起2年内免缴利润税。② 外资占50%或50%以上的生产型合资企业，投产后2年内免缴利润税；2年后，法定资本在100万美元或100万美元以上的合资企业，缴纳利润税税率为16%。③ 外资项目若被列入乌兹别克斯坦国家投资计划，则享受前7年免缴利润税、7

吉斯斯坦很多边境未明确划分，成为边界不断冲突的主要原因。费尔干纳盆地是中亚地区存在争议最大土地，乌兹别克斯坦、吉尔吉斯斯坦、塔吉克斯坦三国边界边境线犬牙交错，甚至各国存在多块飞地。

中亚地区的人口稠密，民族众多，部分人口跨着国界居住，甚至经常出现一个家族跨界而居的现象，不同国家、不同族群居民之间的矛盾偶尔发生。

除了领土争议和民族宗教复杂之外，中亚地区围绕水资源和能源等问题时常出现争端。中亚地区干旱少雨，水资源及其缺乏，经济发展相对缓慢，水资源的重要性显得格外重要。由于阿姆河和锡尔河均为跨境河流，水资源如何分配成为各国争议的一个焦点。中亚能源和矿产资源丰富，国际社会在该地区围绕能源等问题展开很多竞争，为中亚地区带来了很多不确定因素。

2. 法律风险

乌兹别克斯坦实行对外开放的经济政策，在经济上重视吸引外资，逐步建立起一套投资和经商的法律体系。然而由于法律制度建设起步较晚，法制还存在不健全，执行力不足等问题。很多政策在实际操作中，常以总统令、内阁规定等文件对经济和外贸活动进行调节，法律的执行力存在一定的局限性。乌兹别克斯坦经济制度与国际接轨程度低，政策法规多变，审批程序复杂，存在一定风险。

乌兹别克斯坦的投资准入和退出门槛比较高。随着外资企业不断进入，乌兹别克斯坦提高了外资企业投资门槛，规定注册资本不低于30万美元，外资比例不低于30%方可取得外资企业的优惠待遇。同时投资退出条件也高，在投资投出时需要交纳一定的所得税，对免税获得的收益部分要求在其国内进行扩大再生产，对外汇兑换还设置了各项条件和要求。此外为了促进本国就业，乌兹别克斯坦对外籍劳工管理严格，设置了很多要求和条件，如限制外籍劳工数量、劳动签证费用高、办理程序烦琐。

乌兹别克斯坦外汇管理严格，对投资和经营带来很多不便。政府对企业的外汇收入进行严格规定，对外汇收入的一半要求强制结汇，这给企业使用外汇带来很大的不便，很多企业被迫要求在乌兹别克斯坦国内进行投资，外汇收入很难汇回国内，以更新生产设备或进口原材料。外汇管制使得官方汇率和市场汇率相差较大，以外汇结算和以本币结算的价格存在很大差异，加重了商业投机和腐败。2016年乌兹别克斯坦曾对社会对外汇市场的自由化问题进行讨论。2017年9月，乌总统签署《货币政策自由化首要实施细则》总统令，取消外汇兑换管制，但未来的政策走向及其效果还需要时间观察。

3. 经济风险

农业投资经营的脆弱性和风险性。一般来说，农业行业的风险较大，所需投入较多而回报增长较慢，且容易受到市场需求、天气状况和疾病疫病等突发自然因素的影响，如果没有完善的政策作为保障机制，企业在经营的过程中会面临很大风险。

经济的运行情况会对投资效益产生很大影响。乌兹别克斯坦存在一定的通胀压力，尤其是 2015 年以后，随着美元的走强，美联储加息预期逐步加大，索姆对美元的实际贬值压力凸显。2017 年 9 月，随着乌兹别克斯坦宣布取消外汇兑换管制，其国内货币有出现一周内贬值近 50% 的情况。货币政策和汇率政策的效果还未真正体现出来，给经济环境带来了不确定性。

乌兹别克斯坦国内市场还面临来自美国、欧盟和俄罗斯等各国企业的竞争。美国、欧盟和俄罗斯等国家也在积极地布局中亚农业市场，给中亚农业投资经营带来很大的竞争。例如，目前在农业机械方面与美国的 Case New Holland 公司、德国的克拉斯和雷肯农机公司已经建立一些合资企业。中国企业要进入其市场，不可避免要和欧美等国家的企业进行竞争。

在乌兹别克斯坦农业投资合作会受到中亚地区经济发展状况的影响。乌兹别克斯坦在中亚地区的位置优越，和俄罗斯、哈萨克斯坦和土耳其等国家经济联系紧密，这使得中亚和西亚地区经济发展水平会影响到乌兹别克斯坦的经济状况。中亚地区水资源稀缺，经济发展相对落后，经济和贸易多依赖于周边国家以及地区大国，周边国家的经济发展状况会直接影响到乌兹别克斯坦的国内经济。

4. 社会文化风险

官方语言为乌兹别克语，俄语为通用语。乌兹别克斯坦国内大多使用的是俄语，懂汉语的不多。目前国内有两所孔子学院，塔什干孔子学院于 2005 年成立，撒马尔罕孔子学院于 2014 年 11 月成立，但学习人数还是相对较少。中国懂俄语或乌兹别克语的工作人员也不多，双方科技人员的交流存在困难，这种交流不畅可能会使得合作进展缓慢。

乌兹别克斯坦文化、习俗、饮食和中国内地存在一定差异。当地忌讳左手传递东西或食物，忌讳黑色，禁食猪肉，忌食骡肉、驴肉和狗肉，也忌讳食用自死的动物肉和血液。需要尊重当地的宗教文化和社会习俗，如果不慎违反当地风俗可能被视为不尊重，可能会影响双方的相互合作。企业的经营模式、产品涉及和营销方式也要考虑当地人的生活和习惯，如果因为社会文化差异不能很好打入当地市场，不可避免会影响到企业的经营效益。

5. 自然环境风险

乌兹别克斯坦干旱少雨，水资源极为缺乏，水资源已成为限制农业经济发展的一个重要条件。属于干旱的大陆性气候，国内水资源极为稀缺。农业灌溉需要耗费巨大的水资源，国内对水资源的使用管理严格，水费价格也比较高，这无形增加了企业特别是水资源需求较多的企业的生产成本。

乌兹别克斯坦生态环境破坏和污染较为严重，生态条件存在不足。由于水资源短缺，加上20世纪时期对咸海进行过度开发，海水水位不断下降，生态环境遭到严重破坏。由于很多农民将海水用于灌溉，土壤的含盐量不断上升，某些地区甚至出现农作物减产的现象。目前，咸海大部分已经干涸和消失，咸海的生态破坏对周围农业环境造成了很大的影响。

（四）总体评价

从政治上来看，在中亚地区中，乌兹别克斯坦的政治平稳，在2016年12月完成权利交接，米尔济约耶夫就任乌兹别克斯坦总统，并逐步改善和塔吉克斯坦2009年以来因为水资源问题产生的紧张关系。

经济在中亚地区发展相对较好。从经济上来看，乌兹别克斯坦自然资源丰富，天然气、铀矿、金矿、钾和棉花等自然资源在世界上拥有很多优势。目前乌兹别克斯坦政府正在努力采取各项措施促进经济发展，积极改善投资环境来吸引外来投资，以促进国内经济发展。在过去的几年中，中亚地区经济总体不景气。然而乌兹别克斯坦的经济增长率仍能保持在7%以上，人均GDP呈逐年也呈递增趋势，2016年达到2210美元[①]，经济发展在中亚乃至整个独联体地区均居位于前列。

乌兹别克斯坦的投资存在一定的法律风险和经济风险。国内经济受到管制较多，政策法规易受总统和官员主导，政策和法律存在不完善，外汇、投资和劳工等个方面管理严格，给中国企业向乌兹别克斯坦"走出去"造成一定难度。与此同时，乌兹别克斯坦市场还面临着来自美国、欧盟、俄罗斯和韩国等其他国家企业的竞争。中亚地区国家之间的经济联系紧密，周边国家的政治和经济状况、对外贸易政策等都对国内市场产生重要影响。

四、中乌农业合作现状与合作重点

（一）合作现状

1. 合作机制

上海合作组织。乌兹别克斯坦是上海合作组织的创始成员国，上海合作组织在促进各国农业领域合作起到重要作用。2010年6月，在上海合作组织成员国元首理事会第十次会议上，各国签署了《上海合作组织成员国政府间农业合作协定》，明确了各成员国将在种植业、

---

① 数据来源：乌兹别克斯坦国家统计委员会

畜牧业、植物保护和检疫、跨境动植物疫病防控、兽医、农产品加工与贸易、农业机械制造、农业科研、投资和建设联合企业和专家培训等领域开展合作。以上海合作组织机制为基础形成的上海合作组织农业部长会议，专门针对农业领域进行对话与交流，自2010年以来已经召开了第四届，对促进中国与中亚地区的农业合作起到很大推动作用。

中乌政府间合作委员会。1992年，中国和乌兹别克斯坦签订协议，建立中乌政府间经贸合作委员会。该委员会机制到现在一直发挥着作用，在该架构内举行在经贸、人文、安全、能源、交通运输、科学技术和农业等领域的分委会会议，为促进两国包括农业在内的合作发展做出巨大贡献。2017年4月，中乌农业合作分委会第二次会议在北京召开，中国农业部部长韩长赋与乌兹别克斯坦副总理兼农业水利部部长米尔扎耶夫在北京共同主持召开会议，双方针对农业合作进行交换了意见，明确表示加强和扩大农业各领域深入合作。会议结束两国草签了《中华人民共和国农业部与乌兹别克斯坦共和国农业水利部2018—2020年农业合作交流计划》。

"一带一路"合作机制。自古以来。乌兹别克斯坦是"丝绸之路"的重要国家，在历史上通过"丝绸之路"和中国有着悠久贸易和文化友好往来。2015年6月15日，中国与乌兹别克斯坦签署《关于在落实建设"丝绸之路经济带"倡议框架下扩大互利经贸合作的议定书》，以实现双边经贸合作和共建"丝绸之路经济带"的融合发展。2015年6月29日，乌兹别克斯坦和各国一同签署了《亚洲基础设施投资银行协定》，成为亚洲基础设施投资银行的创始成员国。乌兹别克斯坦作为中亚地区的农业大国，农业已经成为"一带一路"最重要的合作领域之一，目前围绕农业"一带一路"合作正在布局与展开。

2. 科技合作

在科技方面，中国与乌兹别克斯坦表现在高校、科研机构和企业之间，主要表现在农业科学研究合作与农业生产技术合作两个方面。乌兹别克斯坦科学院和中国科学院、中国农业科学院、新疆农业科学院以及新疆农业大学等科研单位和大学在科研方面有很多合作与交流，两国曾多次相互邀请科研人员互访交流，共同举办学术研讨会、开办农业科技培训班、开展科技合作论坛和开展科技合作项目。乌兹别克斯坦和华为等企业在科技合作领域签订了一系列协议与合同。

农业科学研究合作。在农业科学研究领域，双方的合作重点包括种植资源与品种交流、建立农业科技合作平台和农业科技人员交流等。例如，新疆农科院和乌兹别克斯坦相互引进对方的小麦、棉花、甜菜和蔬菜等农作物新品种；中国科学院、新疆农科院、新疆农业大学分别与乌兹别克斯坦农业研究机构建立了很多农业领域的"研究中心"；中国科技人员赴当地参观访问当地棉花种植业、养蚕业和畜牧业，乌兹别克斯坦官员及科技人员也多次访问中国科学院、新疆农科院、新疆兵团等单位。

农业生产技术合作。这主要体现在是农业科技的应用方面，两国在棉花、水稻等作物栽培技术、病虫害生物防治技术、农业节水灌溉技术、设施农业综合技术、食用菌培养技术等方面均有合作。中国新疆和乌兹别克斯坦地理位置较近，气候条件和人文风俗也有很多的共同之处，双方在农业生产技术方面的合作走在中国各地区的前列。新疆和乌兹别克斯坦在政府之间、企业之间在田间管理、地膜覆盖、节水灌溉、干鲜蔬菜生产加工等方面展开很多技术合作与交流。

3. 贸易合作

2017年，中乌双边贸易额达42.2亿美元，同比增长16.9%，中国已成为乌兹别克斯坦的第二大贸易伙伴国。农产品方面，乌兹别克斯坦是棉花种植大国，其产量占中亚地区的60%，中国从中亚进口的棉花95%都来自乌兹别克斯坦。近年来，乌兹别克斯坦向中国出口的棉花数量一度高达30万吨左右，2016年其国内纺织及棉花出口政策调整，对中国的棉花出口下降为9.3万吨[①]，2017年保持该水平。据国际贸易中心（ITC）的数据，2017年乌兹别克斯坦向中国出口的棉花（原棉）价值总额达1.71亿美元。同时，乌兹别克斯坦向中国出口很多水果，2017年的水果、坚果、柑橘类和甜瓜类等出口达1645.50万美元，其中以葡萄出口为主，占97.5%。

中国向乌兹别克斯坦出口有茶叶、咖啡、谷物和动植物原料等，其中咖啡、茶及调味香料的贸易额在所有贸易类别中排第一位。2017年中国向乌兹别克斯坦出口咖啡、茶、副食品和香料项的数额达4252.00万美元。此外，中国还向乌兹别克斯坦出口农业机械，中国的农业机械质优价廉，在乌兹别克斯坦拥有一定的市场。新疆农垦科学院与乌兹别克斯坦积极开展农业机械化合作，向其出口了很多中小型农机和农产品加工设备。

4. 投资合作

中国已成为乌兹别克斯坦第一大投资国，在其国内经营的中国企业约700家。2015年，在乌兹别克斯坦的农业企业有3家，现金流量达到600万美元，主要集中在建立农产品生产加工企业、肥料生产、农业工艺生产、食品生产、纺织生产和纺织用设备生产及保养等领域。农业投资项目涉及农业生产、加工和贸易各领域，其中种植业集中在棉花和茶叶等产品的生产；畜牧业集中在丝绸和蚕茧等产品的投资；农产品加工产品集中在棉花加工和果蔬

---

① 农产品期货网. 渐行渐远的乌棉路在何方？ http://www.ncpqh.com/news/getDetail?newsclass=1&id=408683

加工方面，特别是水果罐头、肉罐头、鱼罐头、乳制品及调味品等产品生产。国内一些企业也在农业生产资料领域进行投资，主要集中在是种子、农药和化肥等方面。

目前，中国一些企业对乌兹别克斯坦的农业领域进行了投资。例如，中国新疆维吾尔自治区的一些公司在乌兹别克斯坦进行纺织品生产、中棉工业有限责任公司和中国川田缝纫机等公司在其国内进行轧棉设备和纺织机械生产等。由中国温州市金盛贸易有限公司投资创建的鹏盛工业园内有皮革工厂和宠物食品厂等，园区计划下一步将拓展农用机械、轻纺及纺织品等行业；由中方投资的金陆农业产业园是以农业为特色的产业园区，园区集特色果蔬种植畜禽养殖、水产养植和休闲农业等产业为一体。目前该项目正在建设实施当中，按照其规划，园区将建设日光温室大棚基地、打造玻璃联栋温室内的大型水上娱乐项目和完善金陆农业产业园配套项目，同时重点打造一批优秀项目，积极拓展出口创汇业务。

（二）合作潜力

1. 合作基础

中国和乌兹别克斯坦友好往来历史悠久，政治互信高。乌兹别克斯坦自古就是"丝绸之路"的重要国家，两国经贸合作与文化交流源远流长。2012年，中乌将关系发展至"战略伙伴关系"高度；2013年，中乌签署《友好合作条约》，将两国的友好愿望以法律形式固定下来；2013年习近平提出"一带一路"倡议后，得到乌方积极支持和响应。2017年5月份，新任总统米尔济约耶夫就任以来首次访问中国，双方进一步加强政治、经贸、投资和农业等领域合作达成重要共识，进一步加深了两国的合作交往。

自中乌建交以来，两国的农业双边贸易保持快速增长，双边投资与经济技术合作规模不断扩大。双方在棉花、茶叶、果蔬和动植物产品等农产品之间的贸易切密，长时间以来中国一直是乌兹别克斯坦最大棉花进口国。目前，中国很多企业在其国内进行农业投资，合资建立公司，参与农业的生产、加工和贸易，为两国农业合作发展做出重要贡献；中国新疆自治区和乌兹别克斯坦经济和文化联系紧密，农业种植和科技合作走在了前列。中乌两国农业具有很多相似性和互补性，具有互利共赢和优势互补坚实基础，双方的农业合作正面临着难得的发展机遇。

2. 合作前景

乌兹别克斯坦位处中亚中心，自古就是丝绸之路上的枢纽，是"一带一路"向西延伸的必经之路。中亚是丝绸之路经济带中国境外的第一个站点，乌兹别克斯坦是中亚的经济和文化中心，中乌两国农业合作状况关系未来农业"一带一路"开展的布局。中国和乌兹别克斯坦都是地区农业大国，农产品生产和消费需求大，很多农业技术和农产品可以相互合作、互通有无。目前，两国在农产品贸易、农业科技、农业投资等领域具有较强的互补性，双方农业区域合作前景十分广阔。

中乌两国都是传统的农业国家，都是世界棉花生产大国、养蚕业和丝绸生产大国。我国西北地区特别是新疆自治区，所处的地理纬度相近，自然和气候条件相似，产业结构也相同。两国同时面临着粮食安全、资源短缺、环境污染等许多问题，共同面临农业结构调整、农业产业升级等诸多任务，这些都增强了两国农业的互补性和共利性。在上海合作组织和中亚合作机制作用下，随着"一带一路"倡议的实施，中乌农业合作领域不断拓宽，成果将不断扩大。

（三）合作重点

1. 重点领域

农产品生产加工领域。乌兹别克斯坦农业基础良好，是独联体主要的粮食和果蔬生产基地。由于处于中亚腹地，市场开放较晚，很多企业由于缺乏资金和技术，农产品加工程度不足，产品的附加值低。为此乌政府鼓励企业对农产品加工后出口，尽量避免将原材料直接出口。政府也鼓励外国企业参与农业农产品生产和加工，以提高农产品的附加价值。乌兹别克斯坦农产品生产加工领域很有潜力，包括食品生产、包装生产。农产品加工不仅能够充分利用当地资源，促进两国农业农村经济发展，又可以推动农业生产结构的调整，促进农业产业化和现代化。可与乌方加强推动农业产业园建设，鼓励中国有实力的农产品生产加工企业到乌境内投资，建立农产品生产和加工基地。

农业科技领域。中乌两国在农业技术领域有很多可以深入合作的地方，特别是在种植资源与品种交流、节水灌溉和土壤改良技术、农业机械应用与推广等重点领域上。乌在棉花种植技术、动植物品种、果蔬种植技术和干鲜蔬菜技术方面有着深入的研究。我国在棉花加工和轧花设备、农产品加工技术、农业机械设备和杂交水稻技术等方面有明显优势。两国的企业、研究机构和大学在农业科技领域有很多可以深入合作的地方，共同建立研发中心和实验中心，共同进行科学研究并促进其成果的推广和应用。

节水灌溉与环境治理。中国与乌兹别克斯坦农业资源特别是水资源均极为短缺，两国在推水灌溉技术、发展水资源管理系统拥有很多合作潜力，包括节水技术交流、灌溉设备贸易和管理系统开发等。中国西北地区的自然条件和乌兹别克斯坦相似，都面临水资源短缺和农业灌溉困难的问题，因此，中乌还可以在荒漠化治理方面开展合作，共同保护生态环境。因为水资源开发不当，乌兹别克斯坦咸海生态环境遭受严重破坏，面临着环境治理的艰巨任务。此外，防风治沙、荒漠化治理是另一项被忽视的基础设施合作领域，乌兹别克斯坦沙漠范围广阔，而中国在荒漠化治理领域拥有丰富不少经验。

2. 重点产业

棉花产业。棉花是乌兹别克斯坦国民经济的支柱产业棉花产量居全球居第 5 位。皮棉加工能力也较强，近几年来，乌兹别克斯坦从其他国家引入一批棉花加工企业，棉花年加工能力已经有了很大提高。据乌兹别克斯坦国内相关人员表示，计划在 2020 前再建 130 个棉纺企业，未来生产的棉花将全部用于国内市场，将不再对外出口[①]。国内在棉花生产与加工上具有非常强的技术优势，中国企业可基于国内棉花加工技术优势，到乌兹别克斯坦投资兴建棉花加工厂，充分利用当地的棉花资源，扩展中亚地区的纺织和服装市场。

粮食生产与粮食安全。乌兹别克斯坦大部分耕地用于种植棉花，粮食长期依靠进口。为了增加粮食供应，减少谷物进口，乌政府不得不调整农业种植结构，逐步减少棉花的种植面积。在乌兹别克斯坦的粮食产业中，水稻和大豆发展潜力较大。在国内灌溉条件良好的地方种植水稻，然而由于水资源匮乏及农业技术落后等问题，水稻产量一直处于较低水平。大豆是重要的油脂原料和畜禽的饲料来源，乌兹别克斯坦大豆主要依靠进口。为了提高国内大豆产量，大力推动大豆产业科技项目，为大豆产业提供融资政策，塔什干国立农业大学还将建立大豆育种学科教育。当前中国杂交水稻技术处于世界领先地位，中乌开展杂交水稻技术合作的潜力很大，和乌兹别克进行有关大豆种植相关的项目也可以推动我国大豆产业科技的发展。和乌兹别克斯坦进行粮食产业合作，不仅可充分利用乌兹别克斯坦丰富的土地资源，更利用了"两个市场"，为两国粮食安全提供保障。

养殖业。畜牧业是乌兹别克斯坦经济重要部分，牛、羊、猪和鸡为主要品种，产量中牛肉的比重最高。中国的企业可以围绕养殖产业，发展动物饲料、畜牧药品和肉类加工等相关产业，甚至直接参与畜牧养殖和管理。乌兹别克斯坦的渔业也有很大发展潜力。中亚地区由于水资源缺乏，渔业养殖发展不足，渔业生产具有广泛的市场。渔业是乌兹别克斯坦重要经济部门之一，全国有 8 个州在发展渔业养殖，包括卡尔帕斯、布哈拉州和撒马尔罕州等，渔业股份公司是其国内最大的渔业生产和供应商。由于当地生态环境破坏和水体污染，捕鱼量相比 20 世纪末已经有很大减少。中国企业可通过参与渔业产业，提升乌兹别克斯坦国内的渔业养殖技术，在改善当地生态环境同时获得经济利润。

果蔬产业。乌兹别克斯坦的气候条件非常适宜各种水果生长，良好的土壤地质条件，年均 320 天晴天的超高光照率，有序的四季变化，都为果蔬生产创造了良好的自然条件。乌兹

---

① 中国纺织网. 乌兹别克斯坦计划在 2020 前再建 130 个棉纺企业. http://info.texnet.com.cn/detail-664753.html

别克斯坦作为中亚地区的果蔬生产基地，水果和蔬菜种类繁多，在全球具有很大的竞争优势，产品出口前景非常巨大。可以在乌兹别克斯坦种植水果和蔬菜，加工蔬菜和水果（罐头，干燥等），然后将产品推向亚洲和欧洲等国外市场。乌兹别克斯坦的果蔬产业存在着市场化程度低、物流运输成本高，储存设施缺乏等问题，中国企业可以在果蔬种植与销售和乌兹别克斯坦进行合作，改善果蔬生产种植技术，增强生鲜农产品的生产、储存、运输和销售能力，提高果蔬产品出口能力。

农业机械产业。农业机械是乌兹别克斯坦一个重要市场，虽然其国内已经有美国、德国等合资的农业机械企业，然而中国农业机械价廉质优，在乌兹别克斯坦国内具有一定的竞争力。乌兹别克斯坦农民土地经营规模并不大，中国小型农业机械更适合于乌兹别克斯坦国情，在中亚市场具有一定的竞争优势。中国企业可通过建立合资企业，与乌兹别克斯坦加强农业机械技术合作，或者通过代理商将中国农业机械打入乌兹别克斯坦国内市场。同时加强和中亚其他国家的农业机械技术合作，将农业机械推向其他国家市场。

五、中乌农业合作建议

乌兹别克斯坦农业资源丰富，是中亚地区重要的粮食和果蔬生产基地。中国与乌兹别克斯坦都是农业大国，在很多方面存在很多相似性与互补性，农业拥有巨大的合作空间。当前中乌两国政治互信程度高，正面临着难得的合作发展机遇，随着"一带一路"合作机制构建，农业合作的前景将更加广阔。然而，农业合作涉及领域广泛，乌兹别克斯坦也有其不同的国情和特点，投资也不可避免存在一定的风险。为此，针对乌兹别克斯坦的农业合作，提出以下建议。

（一）国家层面

引导企业参与投资。民间和企业是农业合作的主体，需要加强引导有能力的企业积极参与农业合作。农业经贸合作领域，两国的企业发挥了很大作用，然而在农业投资领域，深入的合作存在不足，且合作企业规模较小。需要进一步加强和乌兹别克斯坦在业领域合作对话交流，不断改善两国的商业投资环境，提高期间投资和作的积极性。定期发布乌兹别克斯坦投资报告，积极推动企业协会、商会等民间机构的发展，为中国企业提供投资咨询和参考。建立中乌商业农业合作信息发布平台，开展对乌兹别克斯坦农业产业信息介绍专题，及时发布商业合作信息，加强信息透明化传播。

打造农产品物流通道。中乌两国领土互不接壤，农产品陆上运输需要经过哈萨克斯坦，加上乌兹别克斯坦的审批复杂、通关程序较多，增加了物流交通费用和时间。需要加快推动中亚地区农产品物流通道的建设，对于一些重要的农产品可设立"绿色通道"。对于棉花、咖啡类和茶叶、以及动植物原料等重要的互补型农产品，设立专门检查审批通道，以提高通关效率。同时，加快通关设备改进，提高通关信息化水平，加强农产品的质量标准、检验检疫标准和认证标准建设。

加强农业产业对接。基于中乌两国的农业资源条件和产业优势，加强两国之间的农业产业对接，形成产业间的优势互补和互利共赢。积极加大棉花加工、食品加工业和农业科技合作，推动中乌农业产业园区建设，提高两国的农业产业化水平。加强互补型农产品的对接，精简审批流程，减少贸易税费，推动双边农产品贸易深入发展。结合当地的自然条件和市场状况，对进入乌兹别克斯坦的企业进行严格审查和认真引导，使两国企业能够相互对接与融合，避免出现中国企业过多竞争的现象。

（二）企业层面

投资前要充分做好市场调研和各项投资准备。乌兹别克斯坦属于大陆性气候，在产业选择方面要结合乌方的地理环境和资源条件，企业在投资前需要做好相关的市场调研，要明确乌方财税和汇率等政策，避免因为盲目地进入造成经济损失。乌兹别克斯坦国际接轨程度较低，政策受人为因素影响较大且调整较为频繁，行政审批手续烦琐。要对各方面做好充分准备，以免出现调汇难，签证办理难，或者面临乌兹别克斯坦政府突击检查等情况。

遵从当地法律法规，尊重当地宗教习俗，做好产品售后服务。乌兹别克斯坦属于穆斯林国家，有其宗教信仰和生活习惯，要尊重当地的法律法规和社会风俗。当地人民有自己的商业习惯，在和乌方人员打交道时在尊重对方的同时，要提前了解当地商业习俗，防止遭受违约风险。产品售后不仅直接影响企业销售业绩，还会影响到企业的声誉甚至一国形象，在从事商业经营时要做好售后服务工作，特别是对于农业机械等耐用产品，避免因售后服务不及时而影响企业形象。

参考文献

聂书岭.2008.乌兹别克斯坦供捕猎的动物资源简况［J］.中亚信息，（5）：33-34.
王永春.2008.乌兹别克斯坦农业投资环境［J］.欧亚经济，（11）：17-24.
吴　龙.2016.乌兹别克斯坦与中国农产品贸易研究［D］.北京交通大学.
肖　霞.2013.中国与乌兹别克斯坦的农业经贸合作研究［D］.新疆农业大学.
许　刚.2016.乌兹别克斯坦蚕桑茧丝绸产业考察报告［J］.江苏蚕业，38（4）：39-42.

尤苏波夫. 2005. 乌兹别克斯坦的农业改革和农场发展[J]. 世界农业,(5): 15-17.

赵晓迪,赵荣. 2016. 乌兹别克斯坦林业发展现状[J]. 世界林业研究, 29(2): 91-96.

祖日古丽·友力瓦斯,阿斯娅,杨淑君,等. 2014. 乌兹别克斯坦生物多样性及其受威胁状况与原因[J]. 草业与畜牧,(3): 58-62.

Numonjon M, Qineti A, Pulatov A. 2016. Agriculture and economic development in Uzbekistan[C]. Management and Society. 942-949.

А.Д.Глущенко, А. А.Ризаев, А.Т.Йулдашев, 等. 2008. 乌兹别克斯坦采棉机制造业发展现状[J]. 中亚信息,(4): 12-13.

土库曼斯坦

土库曼斯坦是地处中亚的内陆国家，是前苏联加盟共和国之一，约80%的领土被卡拉库姆沙漠覆盖。土库曼斯坦于1991年10月27日获得独立，1995年12月12日，联合国185个会员国通过决议，一致承认土库曼斯坦为永久中立国。前苏联时期，土库曼斯坦农业基本实现了机械化经营，为农业的发展奠定了较为坚实的基础。独立后，土库曼斯坦政府重视基础设施建设，大力推广农业机械化，农业科技实力明显提升。2016年，土库曼斯坦农业总产值约占GDP的7.5%，其中，种植业约占农业总产值的53%，畜牧业约占农业总产值的47%。1992年1月，中土两国宣布正式建立大使级外交关系。建交后，中土关系稳步发展。土库曼斯坦提出的"复兴古丝绸之路"与中国的"一带一路"倡议不谋而合，中土两国在战略层面上的契合点进一步加大。

一、国家基本概况

（一）地理位置

土库曼斯坦位于中亚西南部，北纬35.08°～42.48°、东经52.27°～66.41°，科佩特山以北、帕罗特米兹山以东。国土面积49.12万平方千米，仅次于哈萨克斯坦，是第二大中亚国家。东接阿姆河，东南与阿富汗交界，南邻伊朗，西濒里海与阿塞拜疆和俄罗斯隔海相望，北部和东北部与哈萨克斯坦、乌兹别克斯坦接壤，靠近里海的海岸线长1768千米。

土库曼斯坦在中亚五国中地势最为平坦，海拔为100～200米，北部和中部大部分地区是图兰低地，南部为丘陵和科佩特山前地带，东南部是帕鲁帕米苏斯山前地带，西部为盐沼地和松散沙地，其间坐落着大小巴尔汉山脉。土库曼斯坦约80%的领土被世界第四大沙漠卡拉库姆大沙漠覆盖，是世界上最干旱的地区之一。除首都阿什哈巴德市，全国共划分为5个州：阿哈尔州、巴尔坎州、达绍古兹州、列巴普州和马雷州，下辖16个市共46个区。

（二）人口与民族

土库曼斯坦人口约684万，人口密度约为13.92人/平方千米。除首都阿什哈巴德（约90万）外，土库曼纳巴特、马雷、达绍古兹等城市人口也较为集中。截至2016年年底，在土约2000华人，主要集中在首都阿什哈巴德市和中土天然气项目所在地马雷州和列巴普州。

土库曼斯坦有120多个民族，主要包括土库曼族（约占94.7%）、乌兹别克族（约占2%）和俄罗斯族（约占1.8%），还有哈萨克、亚美尼亚、鞑靼和阿塞拜疆等民族（约占

1.5%）。在土库曼斯坦的华人主要为各公司派驻代表和项目施工人员，个体经商业者极少。官方语言为土库曼语，俄语为通用语，英语普及程度不高。

（三）政治制度

土库曼斯坦始终将捍卫独立、主权和领土完整、发展经济和保持社会稳定作为基本国策；积极探寻适合本国国情的发展道路；提倡民族复兴精神，重视民族团结与和睦；奉行积极中立和和平友好的外交政策，致力于同其他国家发展建设性合作关系；主张宗教信仰自由，禁止宗教干预国家政治生活。

1991年12月21日，土库曼斯坦加入独联体。1992年3月，加入联合国。1995年12月，第五十届联大通过决议承认土库曼斯坦为永久中立国。2005年8月，土库曼斯坦宣布退出独联体，只保留联系国地位。土库曼斯坦实行三权分立的总统共和制，总统兼任国家元首、政府首脑和武装力量总司令。总统由全民直接选举产生，立法权和司法权分属国民议会和法院。

目前，土库曼斯坦议会仍为一院制，由各选区差额选举产生的125名议员组成，议员任期为5年。议会中最大的政党为民主党，党员人数19万，是土库曼斯坦唯一的政党。2012年，在土库曼政府支持下，成立了由民营企业家组成的工业与企业家党，也是土库曼斯坦独立以来成立的第二大政党。目前，全国有3个政党，分别为民主党、工业与企业家党和农业党。

在外交方面，土库曼斯坦积极参与国际事务，加入联合国、欧安组织、不结盟运动、经济合作组织、伊斯兰会议组织、国际货币基金组织、世界银行和亚洲开发银行等42个国际和地区组织。截至2017年，土库曼斯坦已与142个国家建交，并在中国、美国、法国、俄罗斯、英国、德国、土耳其、伊朗、阿富汗、沙特、阿联酋、乌克兰、哈萨克斯坦、乌兹别克斯坦、吉尔吉斯斯坦、塔吉克斯坦、阿塞拜疆、亚美尼亚和格鲁吉亚等38个国家设立了使领馆。此外，还有50个国家和国际组织在土国设立了使领馆和代表机构。

（四）社会与经济发展状况

独立后，土库曼斯坦工农业产值急剧下滑，人民生活水平明显下降。在"能源富国"战略的指导下，得益于国际能源价格的高位运行，通过能源出口获得了经济发展的宝贵资金，土库曼斯坦经济得以迅速发展。

1997年之后，土库曼斯坦进入经济稳定发展期，并逐步向市场经济过渡。油气产业是其经济支柱，占GDP的八成以上。2009—2014年，在油气产业发展带动下，GDP保持较快增长。随着世界油气持续下跌和低位徘徊，2016年，土库曼斯坦宏观经济增速继续放缓，GDP增速从2014年的10.3%降到6.2%。能源产业在整个工业体系中占主导地位，其中石油、天然气为其支柱产业。工业部门主要有石油与天然气开采加工、电力、化工、纺织、机械制造、建材、金属加工和地毯等，农业部门主要以种植棉花和小麦为主。土库曼斯坦主要出口产品有天然气、石油制品和皮棉等；主要进口产品有粮食、肉类和轻工业品等。

土库曼斯坦地下蕴藏丰富的石油和天然气。除南部山区外，土库曼斯坦几乎全境都有油气分布。石油储量约120亿吨，其中探明储量约有11亿吨，居中亚第二位。天然气年均开采量达600亿~800亿立方米，总储量约22万亿立方米，占中亚地区天然气储量的一半以上，约占世界总储量的1/4，位居中亚第一、世界第四。此外还拥有芒硝、硫酸钙、钾盐、碘、重晶石和溴等化工原料，黄金和白金等多种有色稀有金属矿藏，以及石灰石、砾石、石膏、砂石和石英石等建材用矿。然而，近年来受金融危机影响，国际油气价格下跌，天然气出口萎缩，政府积极采取系列举措缓解经济下行压力，在采取加快油气兴国和能源出口多元化战略的同时，不断加大对建筑、农业、通信和纺织等领域投入，加快扶持中小企业、私营经济和招商引资，提升科技与创新能力，以加快促进经济增长。

此外，土库曼斯坦交通便利也为经济发展提供了条件。铁路、公路和内河航道总里程分别达4000千米、14000千米和654千米，拥有里海沿岸的土库曼巴什港和贝克达什港等重要港口。

同时，大力发展旅游业，尼萨古城、梅尔夫古城和库尼亚乌尔根奇均被列为世界文化遗产，斥资数十亿美元在里海沿岸的土库曼巴什市建设"阿瓦扎"国家旅游区，大力兴建酒店、度假和疗养设施，并积极吸引外国公司参与投资开发与建设。

二、农业发展现状

（一）农业资源条件

1. 气候条件

土库曼斯坦是世界上最干旱的地区之一，除里海沿岸地区和山地以外，属典型的温带大陆性气候，具有明显的冬冷夏热、春秋短促、温差变化大、干燥少雨等特点。土库曼斯坦年平均温度为14~16℃，其中北部平均气温为12~17℃，东南部为15~18℃。最冷月份为1月，平均气温为4.4℃；最热月份为7月，平均气温为37.6℃。全年无霜期达187~250

天，降水主要集中在冬末和春季。

2. 土地资源

土库曼斯坦国土面积广阔，土地资源以农业用地为主。农业用地约占土地总面积的72%。耕地面积约194万公顷，占土地面积的4.1%，人均耕地面积为0.35公顷。其中，谷物面积为53.67万公顷，占全部耕地面积的27.7%。但是，近年来土库曼斯坦耕地面积呈平稳下降趋势，人均耕地面积持续下降，主要是由于石油勘探、开发业与采矿业的快速发展及自然气候条件的恶化，加之土地污染和沙漠化日益严重等造成的。

3. 水资源

土库曼斯坦水资源较为丰富。降水一般集中在冬末春初，年降水量从东北部地区的80毫米一直递增至南部山麓的300毫米，特别是科佩特山区年降水量可达400毫米。土库曼斯坦境内拥有众多的河流、湖泊和冰川，主要分布在东部和南部，且发源地均不在境内。阿姆河是土境内最大河流，发源于帕米尔山区，全长1415千米，其中约1000千米流经土库曼斯坦，还有穆尔加布河、捷詹河和阿特列克河等河流。横穿东南部的卡拉库姆大运河长达1450千米，灌溉面积达30万公顷，是世界上最大的灌溉和通航运河之一。西部濒临世界最大内陆湖——里海，海岸线长1768千米，面积为37.1万平方千米，是土库曼斯坦和哈萨克斯坦、俄罗斯、阿塞拜疆和伊朗共有的国际湖泊。

4. 生物资源

土库曼斯坦境内生物种类较多，但数量少，植被大多以荒漠植物为主。据统计，土库曼斯坦拥有412.7万公顷森林，森林覆盖率达8.4%。此外，土库曼斯坦因地处地中海地震带，时常受地震威胁。

（二）农业生产情况

1. 农业产值规模及构成

土库曼斯坦农业生产结构是以种植业为主、畜牧业为副，兼营其他养殖，其中棉花、养羊和蚕茧是农业的三大支柱。自1997年起，土库曼斯坦粮食生产开始恢复增长，特别是2000年开始从乌兹别克斯坦进口农业机械设备，大大提高了农业生产效率。2016年，农业总产值达到27.09亿美元，占GDP的比重为7.5%。其中，种植业和畜牧业总产值分别为14.45亿美元和12.65亿美元，分别占农业总产值的53.3%和46.7%（表1）。

表1　2006—2016年土库曼斯坦农业产值　　　　　　　　　　　　　　（单位：亿美元）

项目	年份										
	2006年	2007年	2008年	2009年	2010年	2011年	2012年	2013年	2014年	2015年	2016年
农业	71.62	68.05	46.50	32.19	33.58	35.84	41.32	44.37	43.31	27.99	27.09
种植业	46.72	36.01	24.24	15.89	16.87	16.93	20.16	22.62	20.99	14.72	14.45
畜牧业	24.90	32.04	22.27	16.30	16.71	18.91	21.16	21.74	22.32	13.27	12.65

数据来源：联合国粮农组织

2. 主要农产品产量

土库曼斯坦种植业主要以棉花、小麦和蔬菜为主，其中棉花产业是种植业中最重要的支柱产业。谷物以小麦和水稻为主，还有少量种植大麦和玉米。土库曼斯坦马铃薯播种面积从1997年的0.15万公顷增加到2016年的1.54万公顷，单产多年来一直维持在20吨/公顷左右。土库曼斯坦的土壤和气候比较适合种植葡萄和瓜果等作物，瓜果产品糖度高、口感佳。此外，土库曼斯坦还是重要的甘草产地。

1992—2016年，土库曼斯坦小麦种植面积和产量以2006年为界，处于先升后降的状态，2016年小麦产量达160万吨。原棉种植面积基本保持不变，产量处于缓慢下降态势，2016年原棉产量为43万吨。

蔬菜种植面积逐年增加，由1997年的3.21万公顷扩大到2016年的4.98万公顷，产量明显呈上升态势，2016年蔬菜产量达103.71万吨（图1、图2）。2016年，谷物总产量达180万吨，比上年增长11.3%。

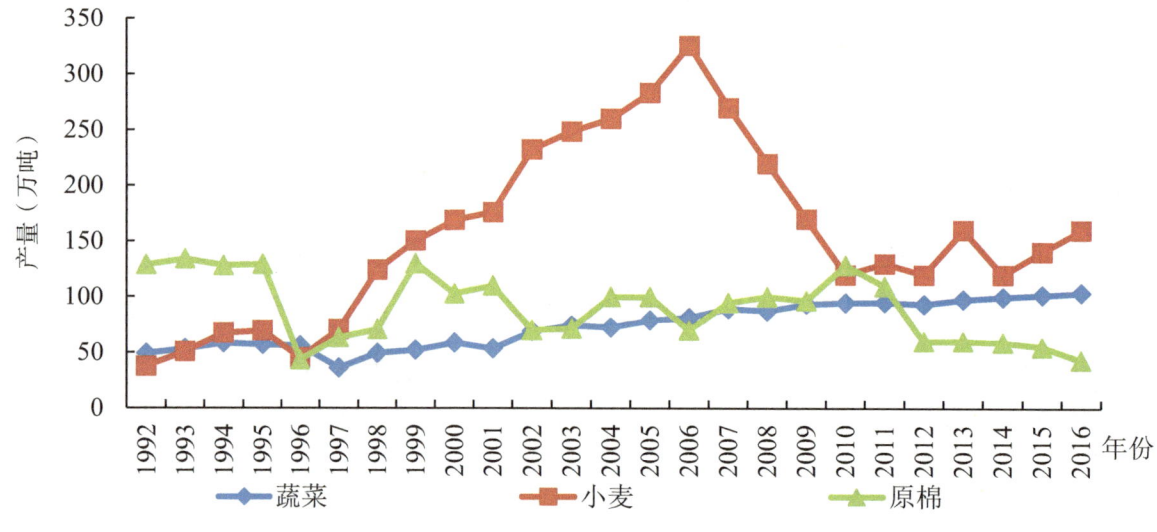

图1　1992—2016年土库曼斯坦小麦、棉花和蔬菜产量

数据来源：联合国粮农组织统计数据库

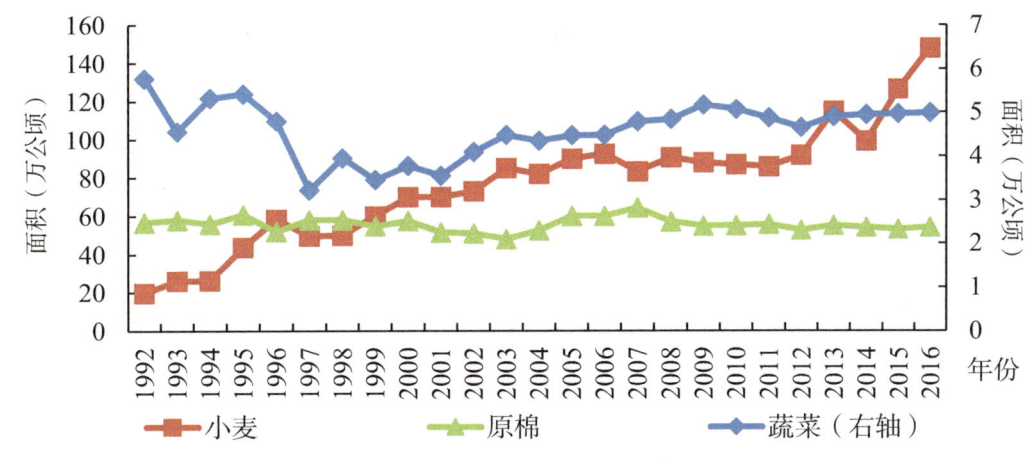

图 2　1992—2016 年土库曼斯坦小麦、棉花和蔬菜播种面积

数据来源：联合国粮农组织统计数据库

畜牧业主要以养羊业为主。土库曼斯坦生产的卡拉库尔绵羊在世界上享有盛名，其驰名世界的地毯就是用这种羊所产的优质细羊毛织成的。此外还养牛、猪、马和骆驼等牲畜，其著名的阿哈尔捷金马能在缺水少食的情况下穿越广阔沙漠，曾多次获国际比赛奖牌，成为土库曼斯坦人民的骄傲。土库曼斯坦牛、绵羊、山羊和家禽的存栏量呈增长趋势，其中绵羊和家禽增长较快。1992—1997 年，牛存栏量平稳增长，绵羊和山羊数量停滞不前，而家禽减少了约 50%。自 1997 年起，家禽数量开始上升并快速增加，到 2016 年，牛、山羊、绵羊和家禽存栏量分别 240.37 万头、239.42 万只、1402.22 万只和 1698.10 万只（图 3）。土库曼斯坦的肉、牛奶和蛋产量也都在稳步增加。牛肉、山羊肉、绵羊肉和禽肉产量分别由

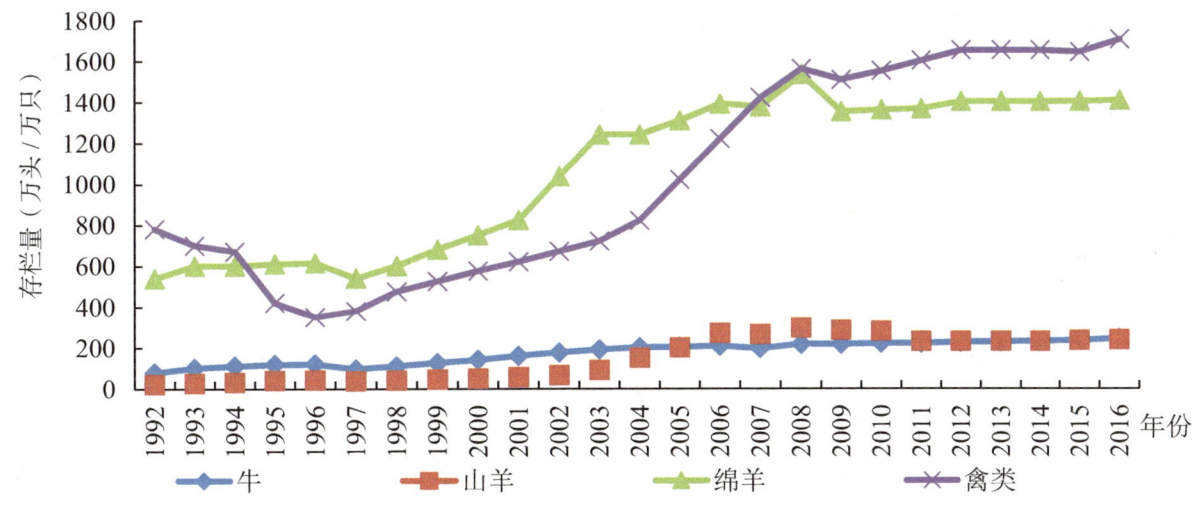

图 3　1992—2016 年土库曼斯坦牛、山羊、绵羊和家禽存栏量

数据来源：联合国粮农组织统计数据库

1992年的4.60万吨、0.20万吨、3.30万吨和0.70万吨增加到2016年的15.63万吨、1.06万吨、13.00万吨和2.03万吨（图4）。

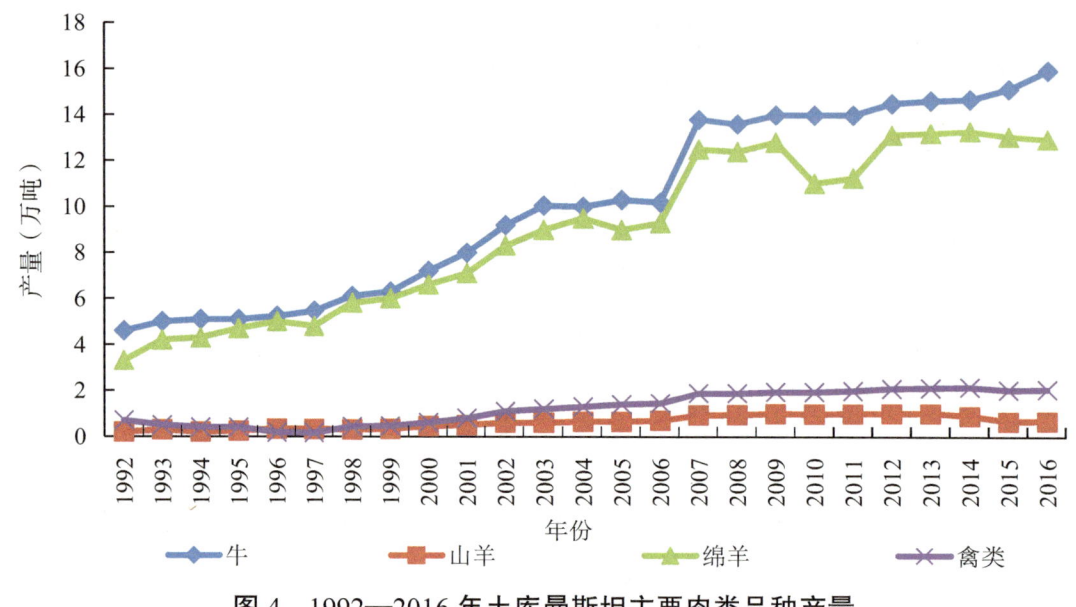

图4　1992—2016年土库曼斯坦主要肉类品种产量

数据来源：联合国粮农组织

其他畜牧业还有养蚕业、淡水养鱼和养蜂业等，尤以养蚕业发达。根据联合国粮农组织数据库统计，土库曼斯坦蚕丝产量每年约达4500吨左右。

3. 主要农业产业布局

一直以来，土库曼斯坦大多在沙漠边缘的无数块绿洲上从事农业生产活动。土库曼斯坦最大的农业区主要分布在阿姆河、穆尔加布河、捷詹河和阿特拉克河等绿洲地带。同时，也在绿洲的边缘地带从事畜牧业生产活动。土库曼斯坦农业用地中大部分都是牧场，牧场约占农业用地的90%左右。近年来，土库曼斯坦针对本国农业落后、投入不足和农业机械有限的状况，特别是粮食生产落后的状况，政府制定了《粮食生产发展纲要》，大力鼓励国内粮食作物的生产，扩大了粮棉的种植面积。

（三）农产品贸易情况

1. 农产品贸易规模

土库曼斯坦出口的农产品有棉花、蚕丝、羊毛、皮张、蔬菜、植物油和水果等，其中棉花、羊毛、蚕丝和皮张是其农业出口的主要产品。2016年，棉花、蔬菜和羊毛出口额分别为47416.50万美元、163.80万美元和341.60万美元，棉花出口额比上年下降17.4%，蔬菜和羊毛出口额分别比上年增长83.0%和10.3%。

土库曼斯坦进口的农产品主要有粮食、肉类、奶制品、马铃薯和白糖等。2016年，谷物、肉类和奶制品进口额分别为1492.90万美元、3116.40万美元和2350.30万美元，其中谷物、肉类和奶制品进口额分别比上年下降47.1%、56.7%和28.9%。

2. 主要贸易伙伴

当前土库曼斯坦与世界上66个国家和地区有着经贸往来与合作，主要贸易伙伴是独联体国家（约占进出口总额的60%左右），其中最大的贸易伙伴是俄罗斯。同非独联体国家的主要贸易伙伴有伊朗、土耳其、瑞士、阿富汗、英国、美国和阿联酋等。

土库曼斯坦农产品的主要进口国是俄罗斯、乌克兰、土耳其、阿联酋、哈萨克斯坦、日本和韩国等，进口产品主要有小麦、面粉、饮料和食用油等。近年来，欧盟和美国对土库曼斯坦的出口增长较快，主要产品是加工食品（奶制品、肉制品和饮料等）和鸡肉。

土库曼斯坦农产品的主要出口国是独联体国家，这与其地理位置、历史渊源以及区域自由贸易协定有关。其中，土耳其是棉花、皮张和蚕丝等产品的主要出口国，其他出口国还有中国、意大利、罗马尼亚、格鲁尼亚和阿富汗等。

3. 中国与其贸易情况

自1992年中国与土库曼斯坦建立外交关系以来，双边贸易不断发展，合作质量不断提升。但中土两国之间的贸易量还比较小，两国的贸易额分别占本国对外贸易总额的比重较低。2016年，土库曼斯坦与中国农产品进出口贸易额为6219.28万美元，与2015年相比增长20.1%。其中，土库曼斯坦对中国出口农产品总额达4444.69万美元，增长14.0%；进口1774.59万美元，增长38.4%；贸易顺差2670.11万美元，增加2.1%（图5）。此外，由

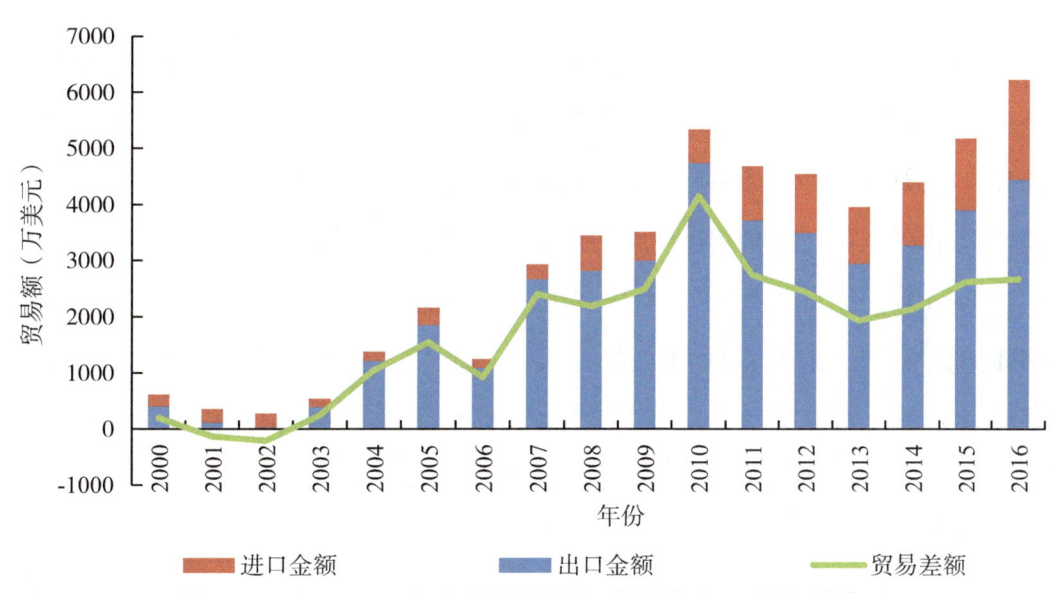

图5　2000—2016年土库曼斯坦与中国进出口贸易额情况

数据来源：联合国商品贸易统计数据库（UN Comtrade）

于土库曼斯坦与中国具有天然的地理位置优势，两国在农业领域具有较大的合作空间，特别是中国新疆与土库曼斯坦在农业种植和农产品贸易等方面存在很大的互补性，这对加大中土两国贸易往来具有极大的促进作用。土库曼斯坦对中国出口的农产品主要有原棉、蔬菜、蚕茧、羊毛和皮张等；从中国进口的农产品主要是茶叶和加工蔬菜（如罐头蘑菇）等。

（四）农业科技发展

1. 农业科研机构

土库曼斯坦科学院是土库曼斯坦最大的科学研究中心，科学院藏书超过200万册，创建于1951年。独立时，土库曼斯坦科学院下设3个学部，即物理技术与化学科学部、生物科学部和社会科学部，15个研究所，拥有院士和通讯院士等一大批科技研究人员。此外，土库曼斯坦科学院还同世界上40多个国家的278个科研机构建立了联系。土库曼斯坦有专门从事农业研究的农业科学院和有专门培养农业科技人才的农学院和农业学校等机构。此外，由于土地面积的80%被沙漠覆盖，土库曼斯坦科学院沙漠研究所是唯一的一所专门研究沙漠利用、治沙、沙土种植和沙土灌溉等方面的科研机构。

2. 农业科技发展状况

苏联时期，土库曼斯坦经济较落后。独立时，经济基础薄弱，经济结构单一，以石油和天然气为支柱产业；农业基础单薄，以种植棉花为主，粮食不能自给；经济自给能力较低，其所需商品70%需由独联体其他国家供给。独立后，土库曼斯坦重视农业基础设施建设，大兴农田水利工程和垦荒，大力推广农业机械化，增加农药和化肥施用量，农业科技实力显著提高。

在土壤耕作与农作物耕作技术方面，灭除害虫、莠草和抗土壤侵蚀、抗植物病害方面，实施造林护田、排灌、植物保护、育种学、土壤改良学等方面取得诸多成就。例如，土库曼斯坦培植的高产抗凋萎棉花，特别是细纤维棉花优良品种，以纤维质量高而著称。在畜牧方面，土库曼斯坦早在20世纪40年代就采用人工授精技术，在羔羊养殖业中广泛应用人工授精以提高牲畜繁殖力，因此土库曼斯坦著名的卡拉库尔羊生产发展迅速。在农业机械化、电气化和自动化方面，独立前其农业就已普遍实行机械化，拥有大量的拖拉机、摘棉机、联合收割机和农用载重卡车等，独立后，土库曼斯坦更加重视农业和农业科技的发展，注重加大对农业科技的投入，政府根据信贷计划从美国进口了大量农业机械。例如，到20世纪90年代初每100公顷耕地拥有的拖拉机数量达422台。

轻工业是土库曼斯坦独立后发展最快的部门之一，轻工业以纺织业为主。国家大量将资金和外资投入该行业，提高本国棉花加工能力以出口创汇，土库曼斯坦棉花加工能力已由独立初期棉花产量的 3% 提高到 35%。根据土库曼斯坦 2010 年前纺织领域发展纲要，国家对该领域投入达到 15 亿美元，棉纺企业的皮棉加工能力达到 60% 以上。食品工业是主要工业部门之一，土库曼斯坦积极发展食品工业，以解决国内食品不足依靠进口的现状。目前，主要食品（米面）已经基本能满足国内需要，但部分食品仍需进口。土库曼斯坦轻工业和食品工业发展引进了大量外资，如美国、德国和伊朗等外国企业随处可见。

（五）农业管理体系与政策

1. 农业管理体系

土库曼斯坦农业部的主要职责是：研究拟定农业和农村经济发展战略、中长期发展规划，拟定农业开发规划并监督实施。研究拟定农业的产业政策；提出有关农产品及农业生产资料价格、关税调整、大宗农产品流通、农村信贷、税收及农业财政补贴的政策建议；组织起草种植业、畜牧业、渔业和乡镇企业等农业各产业的法律、法规草案；组织国内生产及进口种子、农药、兽药和有关肥料等产品的登记和农机安全监理工作；承办政府间农业涉外事务，组织有关国际经济、技术交流与合作等。

土库曼斯坦实施"改革应循序渐进、符合国情和平稳向市场过渡"的政策思路，实行指令性和指导性相结合的管理体制，延续了国家行政命令和规定农产品价格等政策措施。例如，国家对战略性商品实行管制，如粮和棉等；同时，鼓励私营部门或企业生产其它农产品，包括水果、蔬菜和部分畜产品等副食产品。

土库曼斯坦农业部门的资本和劳动相对较密集，主要分布在畜牧、农产品和加工行业等。土库曼斯坦农业产业化主要是由国家拥有和控制，包括对棉花、小麦、少量的水稻和甜菜等农作物的控制，公共投资大多都在支持自给自足的谷物生产和维护棉花制品的出口，在这样的政策下，大部分的土地转向小麦生产，只有少部分水果和蔬菜产品是由个体农民和私人生产的。土库曼斯坦畜牧业被私人企业所掌控，有 80% 的产品是由农民生产的，延续了苏联解体后的畜牧农场模式。私人农户通过租赁合同进行畜牧生产活动，根据租赁合同获得土地种植饲料作物，并出售所有牲畜产品以及在租赁期间所生产的一半数量的牲畜后代。租赁合同适用于牛、绵羊和山羊等，由国家协会保存。

在出口方面，土库曼斯坦对本国产品的出口实行计划配额管理，由国家统一联合经营，即国家根据产品的实际产量和国内需求，确定当年出口计划，并将全部出口产品统一投放国家商品原料交易所进行竞卖。在进口方面，土库曼斯坦主要通过关税措施进行管理和调节，同时对烟酒类商品、机动车和化工产品进口实行许可证管理制度。此外，与土库曼斯坦企业签订供货合同，同样须经过土库曼斯坦国家商品原料交易所和财政部等单位的审核与备案。

2. 农业支持政策

独立后，土库曼斯坦政府为提高粮食产量开始对国有农场实施私有化，将农场企业重新组成农民协会，在法律上对集体农场、国有农场和私人农场一视同仁。1996年底，土库曼斯坦颁布命令，允许种植小麦的个体农民获得土地的临时所有权。1998年，政府宣布达到生产目标的农民获准拥有永久性土地所有权，可以将土地遗传给后人，但不得出售；农民还获准在其部分土地上种植不受国家指令控制的农作物。在上述改革措施的推动下，小麦产量从1996年的45万吨迅速增加至1998年的100万吨。在大力推动粮食生产的同时，政府还投资于粮食基础设施的建设。根据国有的土库曼粮食产品协会与伊朗的佳卡特公司签订的协议，由伊朗政府贷款、造价为1620万美元、总储存量达18万吨的6个粮食储存仓库于2000年投入使用。近年来，土库曼斯坦坚持走科技兴国之路，强调将科技创新转化为生产力，大力发展规模化的现代农牧业。土库曼斯坦政府计划推进"个体放牧式畜牧业"向"规模化现代畜牧业"转型，以研发高产品种和推广温室生产技术提高种植业水平，应用多功能的灌溉系统和历史悠久的土壤培植技术解决土地缺水问题，力争大量出口高质量的生态果蔬产品。此外，土库曼斯坦政府更多地关注和加大对农业领域高科技人才和精英的培养。

土库曼斯坦坚持平等和经济互利合作的投资政策，实行门户开放。土库曼斯坦作为中立国，历来重视与各方在经济领域的合作交流，通过减税和免税等优惠措施争取外商投资。土库曼斯坦税收体制相对比较简单，在鼓励外商投资方面为外国投资者提供很多优惠，包括海关优惠、进出口优惠和税收优惠等。为鼓励和吸引外资，土库曼斯坦还颁布了一系列保护外资的法律法规和政策措施。用以调节外资经营活动的法律、法规和条例高达35种以上。

3. 农业发展规划

土库曼斯坦政府制定了《2011—2030年土库曼斯坦经济社会发展纲要》，该方案阐述了到2030年的农业产业发展目标：在2010年的棉花和小麦产量基础上，增加主要农作物种植面积；推广并应用先进农业科技成果，提高粮和棉等作物单产水平；充分发挥农业机械和现代科技的推动作用。到2020年，实现国内市场的主要农副产品完全自给，实现种植业和养殖业的快速增长，达到农业总产量增长70%左右的目标。其中，到2020年小麦产量要在2000年基础上增长1.9倍，籽棉增长3.9倍，牛存栏数增长2.1倍，羊存栏数增长2.6倍；纤维棉加工能力达到50万吨，建造6座大型纺织厂，建造8座纺纱厂，投入6.5亿美元发展纺织业，提供7万个新的就业岗位，大力拓展匹布、提花布、窗帘布、绒布、丝绒、细亚麻布和细平纹布等棉制品的生产种类。到2030年，建成高水平的饲料基地以及牲畜和农作物育种基地，形成出口导向型的农产品生产与加工基地。同时，土库曼斯坦将棉花作为战略性发展行业进行大规模投资建设，完善棉花产供销体系，形成相对完整有序的棉花全产业链，提升行业技术水平，改进棉花质量。为实现上述目标，土库曼斯坦制定了一系列推动农业发展的政策措施。此外，2017年土库曼斯坦还制定了2018年国家预算和《2018—2024年土库曼斯坦国家社会经济发展纲要》，并将对未来农业规划发展做出新的部署。

三、农业投资环境

（一）国家商业环境

从投资环境的吸引力角度，土库曼斯坦的竞争优势有三方面：政治稳定，社会事业发展迅速；油气资源储量丰富，经济增长前景良好；地理位置优越，地处欧亚大陆中心地带。

土库曼斯坦资源丰富，其支柱产业是油气工业。近年来土库曼斯坦经济发展速度较快，经济增长过多依赖于资源产业。根据世界银行数据库显示，目前土库曼斯坦属于世界银行分类中的高收入国家，高投资是经济持续较快增长的主要动力。土库曼斯坦国家商业环境主要表现为：一是政治相对较稳定，经济发展意愿大。土库曼斯坦实行三权分立的总统共和制，总统为国家元首和最高行政首脑，重大事项均由总统亲自审批。虽然现任总统别尔德穆哈梅多夫上台后表达了一定的政治改革意愿，试图营造宽松的政治环境，但是土库曼斯坦权力仍较为集中，政治相对稳定，对其经济发展创造良好的条件。二是积极采取措施，鼓励发展经济。土库曼斯坦政府采取了一系列措施以促进其经济的发展，例如国家财政部建立专门的金融情报单位，并加入埃格蒙特集团，以进一步加强反洗钱和打击恐怖主义融资；国内银行使用国际财务报告准则和政府机构使用新的国家财务报告准则；为吸引投资，土库曼斯坦政府对在该地区投资的酒店和娱乐设施在2020年前给予部分税收优惠等。三是金融体系逐渐完善。近年来，土库曼斯坦为与国际接轨，所有金融机构财务报告开始采用国际规则；为改善中小型企业和农业融资环境，政府鼓励私营信贷机构逐步放开风险投资。目前土库曼斯坦国内共有12家银行（其中6家是国有），1家证券市场，2家保险公司。土库曼斯坦国家开发银行自2011年9月起与金融机构合作为外资企业提供金融服务。四是加大立法力度，加强服务监管。土库曼斯坦通过立法等施行一系列措施规范，加强对金融行业的规范和监管。此外，土库曼斯坦议会还通过了反腐败法，法律明确禁止政府官员收受礼品。

目前，土库曼斯坦尚未建立外国投资开发的经贸合作区、工业园区。土库曼斯坦工业家和企业家联盟在阿什哈巴德市机场附近建设工业园区，以期吸引外国投资。中国尚未与土库曼斯坦签署自由贸易协定、货币互换协议、产能合作协议和基础设施合作协议等，其中基础设施合作方面的具体项目采取一事一议的方式进行。

（二）农业优势与潜力

土库曼斯坦是中亚五国中唯一各项农业指标都超过独立前水平的国家，具有明显的农业优势和潜力。

一是土库曼斯坦以内向型经济发展为主。土库曼斯坦先后制定了一系列推进贸易发展的措施，确保内需和稳定国内生产一直是土库曼斯坦农业发展的总体战略。2015年，土库曼斯坦总统要求减少农产品进口，节约外汇，相关部门要加强对外汇支出和食品进口的监控；政府机构要优先为有意愿建设温室生产进口替代产品的经营者划拨土地，金融机构要积极提供优惠贷款；各个州区要保证蔬菜和水果的自给自足，不能从外地调运、更不能从国外进口，以降低运费，稳定食品价格。此外，土库曼斯坦对某些食品征收关税，限制进口。

二是畜牧业相对比较发达。土库曼斯坦畜牧业主要以养羊业为主，还有养蚕业和家禽饲养等，尤以养蚕业发达，养蚕业的发展进一步推动了丝绸业的发展。

三是渔业发展具有一定基础。土库曼斯坦渔业以捕捞为主，渔业基础比较雄厚，近十年来土库曼斯坦水产捕捞量基本维持在1.5万吨/年左右。独立后里海由沿岸5个国家（俄罗斯、阿塞拜疆、哈萨克斯坦、土库曼斯坦以及伊朗）共治，对渔业资源的分配及管理存在不同意见，目前这些国家正在就里海生物资源协议草案和里海地区渔业多边合作国际法律框架进行磋商。

四是农产品对外贸易已初步形成规模。土库曼斯坦出口的农产品有棉花、蚕丝、羊毛、皮张等以及蔬菜、植物油、水果等，其中棉花、羊毛、蚕丝和皮张是农业出口的主要产品，并已在国际上形成较稳定的出口市场。

（三）风险分析

1. 宏观层面风险

一是政治风险。政局变动以及所采取的政治性措施变化都将会选其一严重损失，主要包括所在国政策和法律所产生的风险、战争风险和国有化风险等。除了一般政治风险外，还应该考虑对外国企业持有不同的政策和态度。二是经济风险。虽然土库曼斯坦能源和矿产资源丰富，经济发展水平较快，但是产业结构较单一，以油气、矿产的开采和加工为主的支柱产业容易受大宗商品价格周期性的影响，而且过度依赖油气矿产的开采加工、基础设施不完善和产业结构不合理等严重制约了其国内经济的快速发展。三是金融风险。土库曼斯坦受原苏联金融业薄弱影响，金融业发展一直较缓慢，在双边贸易中存在的最突出问题是汇率风险，这几年受美欧制裁俄罗斯和油气能源大幅跌价影响，货币不同程度贬值。而且，由于国家实行外汇管制，自2016年1月土库曼斯坦各金融机构和货币兑换点已停止销售外汇，外汇交易只允许使用银行卡的方式。四是社会人文风险。土库曼斯坦各民族之间人文特点差异显著，尤其是民族深层问题存在已久，同时文化上的差异可能会带来相对损失，由于双方文化背景不同导致投资活动受挫的事例屡见不鲜。五是法律制度风险。土库曼斯坦仍处于计划经济向市场经济过渡的转型期，法律法规变化较大，商务运作规则与国际惯例存在一定差距，市场环境比较特殊。土库曼斯坦自2017年1月1日起实施新政，规定外籍公民和本国公民在企业就业比例不得高于1∶9。六是自然灾害风险。据统计，土库曼斯坦常见的自然灾害达20余种，存在发生自然灾害的风险。

2. 微观层面风险

一是合同风险。由于土库曼斯坦实行指令性计划经济，对执行契约合同和完善服务都不够重视。因此一旦双方企业出现合同纠纷，当地政府一般会庇护与纵容当地企业，可能导致国外企业受损，且这种执行合同过程中出现的风险屡见不鲜。二是经营风险。企业在土库曼斯坦的投资经营中，由于管理者欠缺国外经营一些方面的经验，经常遇到经营风险问题，势必会造成企业在该国投资经营事倍功半甚至导致企业危机。三是管理风险。由于受欧亚经济联盟贸易壁垒保护的影响，土库曼斯坦也存在着不同程度的贸易保护主义。需要指出的是，由于国情特殊，对外国企业准入的门槛和要求较高，在办理公司或代表处注册审批、外籍工作人员签证、入境手续和劳动许可等方面限制较多，程序繁琐，效率较低。四是技术风险。由于土库曼斯坦科技相对比较落后，外国企业在投资项目时，也将面临更多的挑战与困难。五是职业、操作与交通风险。由于受苏联影响，土库曼斯坦在职业、操作、交通风险方面管理一直比较严格，企业在生产环节中必须要严格遵守相关的安全生产法规以降低风险。六是语言障碍风险。土库曼斯坦虽已独立20多年，由于历史原因在今后相当长的时期内，俄语仍然会是其与其他国家之间使用的重要交际语言，例如因翻译水平低造成洽谈失败的事件时有发生。另外还需考虑社会治安问题。

（四）总体评价

总体来看，土库曼斯坦经济运行总体良好，国内生产总值保持较快增长，特别是农业投资环境处于中亚五国中的平均水平。近年来，土库曼斯坦持续推进改革开放，投资立法得到完善，政府针对外商投资出台了一系列优惠政策，包括海关优惠、税费减免等。同时，土库曼斯坦国家开放程度低，市场开放水平低，外资进入比较困难，目前仍是世界上最封闭的国家之一。当前，土库曼斯坦作为上海合作组织及世界贸易组织的非成员国，正在积极申请加入世界贸易组织。

四、中土农业合作现状与合作重点

（一）合作现状

1. 合作机制

土库曼斯坦自 1992 年 1 月与中国建交以来，双边友好合作关系不断发展。一是中土两国政府间友好往来为开展合作奠定了基础和前提。2008 年，中土两国签订了《中华人民共和国和土库曼斯坦联合声明》，两国国家元首就中土关系以及两国共同关心的国际和地区问题交换了意见，达成了广泛共识。2013 年 9 月，中国国家主席习近平对土库曼斯坦进行了国事访问，中土两国签署了《中华人民共和国和土库曼斯坦关于建立战略伙伴关系的联合宣言》，将两国关系提升到战略伙伴关系水平，双边关系再迈新台阶。2014 年 5 月 11 日至 13 日，土库曼斯坦现任总统别尔德穆哈梅多夫对中国进行了国事访问，期间中土两国发表了《中华人民共和国和土库曼斯坦关于发展和深化战略伙伴关系的联合宣言》，共同签署了《中华人民共和国和土库曼斯坦友好合作条约》，为两国合作再次提供了新的机遇。二是中土两国为开展合作签署了一系列协议等文件。近年来中土两国经贸关系一直保持良好的发展势头，相互之间签署了一系列关于开展经贸合作的双边协议，如《经济贸易协定》和《鼓励和相互保护投资协定》等。三是中土两国的法律法规和各项优惠政策为开展合作提供了便利条件。土库曼斯坦相继颁布了《外资法》和《投资法》等法律法规，积极鼓励与吸引外商到土库曼斯坦进行投资，并制定了吸引外资的一系列优惠政策，例如关税优惠，外国参股企业将其利润进行再投资免征进行再投资的纳税等。同时，土库曼斯坦提出的"复兴古丝绸之路"与中国"一带一路"倡议不谋而合，两国在国家战略层面的契合点进一步加大，并在科技、贸易、投资以及金融等领域建立了长期合作。

2. 科技合作

2003 年，《上海合作组织成员国多边经贸合作纲要》明确提出"把能源、电信、交通、信贷、农业、水利和环境保护领域等定位为经济合作的优先方向"，为中土两国开展农业科技合作提供了强有力的保障作用，中土两国农业科技合作进入了快速发展期。特别是中土两国《科技合作协定》的签署，更为中土两国开展农业技术合作搭建了坚实的平台。近年来，中土两国已在沙漠综合利用、防风治沙、土壤改良、植物病虫害防治、棉花良种培育以及节水农业技术等领域开展了广泛的合作，未来将继续在农业科技和农机，以及棉花与小麦等作物育种、试验示范和种植等方面加强合作，鼓励与支持两国科技人员和相关机构在马业发展、牛羊育种与养殖等方面开展深入的交流合作。

3. 贸易合作

2006年，上海合作组织部长级会议强调要把农产品贸易与农业合作作为重大合作领域；2013年，习近平主席在纳扎尔巴耶夫大学演讲时提出欧亚各国要共同建设"丝绸之路经济带"，逐步形成区域大合作，这为丝绸之路沿线国家（包括土库曼斯坦）进一步开展合作指明了方向，开创了中国与中亚国家经贸合作的新未来。2014年5月11日至13日，土库曼斯坦总统别尔德穆哈梅多夫对中国进行了国事访问，期间中土两国发表联合宣言称，基于进一步发展和深化中土战略伙伴关系的共同愿望，两国决定继续努力，深挖经贸合作互补潜力，努力扩大贸易规模，优化贸易结构，为提升两国贸易额创造良好条件，丰富商品（服务）种类，建立两国商业机构之间的直接业务联系。2017年，土库曼斯坦国家信息局称，土库曼斯坦生产的棉纱、粗斜纹棉布、绒毛与针织面料绸缎、成品服装和针织品等产品，目前已出口到欧洲、亚洲和美洲的众多国家。据统计，2010年中国成为土库曼斯坦最大的对外贸易伙伴国。中土两国在油气、农业、纺织、化工和食品工业等领域有着深入而广泛的合作基础，特别是在农业种植和农产品进出口贸易方面。作为中亚地区棉花传统生产大国的土库曼斯坦，与世界第一棉花进口国和消费国的中国之间具有广泛合作前景，尤其是近年来两国日益加深的经贸合作为两国棉花产业的进一步交流打下了良好基础。2016—2017年度从土库曼斯坦进口棉麻丝5.33万吨，占中国进口总量的2.6%，进口额为0.28亿美元。

4. 投资合作

中土两国在经贸和投资领域有着广阔的前景和机遇，应进一步扩大与中国的合作。近年来，随着土库曼斯坦改革开放政策的进一步实施，中土两国投资合作不断深化。根据联合国贸易和发展会议（UNCTAD）发布的《2017世界投资报告》显示，2016年土库曼斯坦吸收外资流量约为45.22亿美元，土库曼斯坦已成为最受欢迎的外国直接投资国家之一。

（二）合作潜力

1. 合作基础

中土两国在开展合作方面拥有诸多有利条件，加强合作是中土两国的共同选择，未来两国的农业合作潜力巨大。

（1）中土两国的经济增长是开展合作的前提

土库曼斯坦自独立后选择了适合本国国情的稳妥发展道路，充分利用自身资源优势，大力发展能源、加工业和轻纺工业，经济发展迅速，自1999年以来经济持续保持两位数的高增长，特别是进入21世纪以来，中土两国经贸关系得到快速发展，双边贸易增速明显加快。

（2）互补关系是中土两国开展合作的重要基础

中土两国在农业种植、农业技术、投资贸易和资源禀赋等领域存在明显的互补关系。一是土库曼斯坦沙漠研究所在专门研究沙漠综合利用、防沙治沙、沙土种植与灌溉等农业科技方面具有丰富的经验，而我国新疆是沙漠面积最大的省区，占全国沙漠面积的63%，中土两国在沙漠综合利用等领域开展了广泛的技术交流与合作。二是土库曼斯坦农业科学院在土壤耕作、农作物耕作技术等方面取得诸多成就，我国在农业节水灌溉等方面技术领先，中土两国在节水农业技术、抗植物病虫、抗土壤侵蚀和畜牧良种培育等方面具有交流先进经验和加强技术合作的基础。三是中土两国得农业机械化水平都已具有相当的规模和水平，可进一步加强交流与合作。

（3）区位优势为中土两国开展经贸合作提供了便利条件

土库曼斯坦是中国新疆地区的近邻，中国新疆与土库曼斯坦农业气候资源有很大的相似性等优越条件，边境区间的地理邻近特性使得相互作用强度增大，这为两国开展经贸合作提供了良好的便利条件。此外，土库曼斯坦在中亚国家中率先提出修复古"丝绸之路"，利用已有的铁路，即伊斯坦布尔—德黑兰—马什哈德—萨拉赫斯—塔什干—阿拉木图—乌鲁木齐，直通北京，旨在服务于全面发展与途经国家间的相互关系，将为中土两国开展合作提供良好的运输保障。

（4）中土两国均秉承睦邻友好的和平外交政策

土库曼斯坦奉行中立和对外开放的外交政策，主张在相互尊重、互不干涉内政、平等互利的基础上发展同世界各国的关系，这与中国提出的"与邻为善、以邻为伴"的外交方针和"睦邻、安邻、富邻"的外交政策相一致，中土两国双方友好睦邻外交政策为双方的经济发展提供了良好发展空间。此外，中土两国签署了一系列关于开展经贸合作的双边协议，颁布了《外资法》等法律法规，这些双边协议和法律法规等都为双边经贸合作提供充分的法律保障和政策支持。

2. 合作前景

中土两国双方十分重视农业合作，双方于2014年签署中土农业合作谅解备忘录，为两国农业合作搭建了新的平台，推动了两国在农业种植、棉花、马业、农机、节水灌溉和农产品贸易等领域的合作。未来，中土两国将积极探讨在纺织、农业科技、畜牧学等领域的广泛合作，这对中土两国的深入发展都带来了新的契机。

（三）合作重点

1. 重点领域

立足中土两国实际需求，充分发挥各自在资源禀赋、农业技术和市场等方面的比较优势，依托中土农业合作工作组等平台，以农业技术示范为先导，推动两国科研机构和企业在棉花种植与加工、畜牧兽医和人员培训等领域开展经科贸全面合作，促进中土两国农业可持续发展，增强两国农业产业竞争力和影响力，推进中土两国农业合作不断向前发展。

（1）推进农业技术示范与合作种植

鼓励、引导和帮助中国农业大专院校、科研机构和农业企业与土库曼斯坦开展农业科技交流与合作，具体合作领域包括：棉花、蔬菜和节水灌溉等。两国加强联合研究或建设联合实验室，借鉴中国与中亚其他国家建立棉花试验示范中心的经验，共同开发建设研发中心。在技术合作基础上，加强种植和农产品加工领域的合作。

（2）深化两国畜牧业领域合作

中土两国马业合作交往已久，彼此互信。建议以马业合作为先导，继续鼓励和支持中土两国民间社团在汗血马的繁育技术、饲养管理、兽医保健、训练方法、纯血马登记、马文化艺术交流等领域开始友好交流合作。

与此同时，注重中土两国在牲畜遗传育种、饲养、畜产品加工以及草原生态保护建设等方面加强交流与合作，鼓励中国企业在土库曼斯坦投资开展牧草、畜牧生产、牛羊肉加工和储藏等领域的合作，共同提高牛羊生产水平和能力。

（3）加强两国人员交往和培训合作

促进两国民心互通，满足土方希望更多派人来华进行交流与参加培训的需求，通过交流、培训进修、职业教育、讲座、示范和实际操作等形式，加强两国人员交流合作，培养更多了解双边农业合作的农业管理和技术人才，助推中土两国农业交流与合作深入发展。

（4）促进中土农业投资贸易合作加快发展

中土两国农业互补性强，土库曼斯坦的棉花、羊毛、蚕丝和皮革等有一定竞争力，中国市场广阔，品种繁多的农产品可补充土库曼斯坦国内农产品需求和不足。双方应积极举办并参加在两国召开的农业国际会议、商贸论坛和展览会，密切双方企业之间的合作关系，推动两国农产品贸易健康稳定发展。同时，抓住农业对外合作机遇，推动企业积极对接，努力推动两国农业投资合作加快发展。

2. 重点产业

土库曼斯坦自独立以来始终坚持改革开放，不断调整国内产业结构，寻求发展本国优势产业的有效途径。近年来，土库曼斯坦已与周边多个国家建立友好往来的合作关系。中国作为其近邻，应充分发挥双方优势，加强农业新科技的互动交流，创新农产品贸易合作模式，在此基础上积极开展双边合作，从而深度挖掘中土两国未来农业领域的合作潜力。

一是建立农业全产业链的分工合作。可与土库曼斯坦开展全产业链的农业合作，充分发挥中国在全产业链关键环节上的传统优势。在种子产业，可引入中国具有比较优势的三年可采摘桑叶的新品桑苗，也可将棉种脱绒和包衣处理技术引入土库曼斯坦等；生产领域，可发挥中国比较优势，在向日葵种植方面积极开展合作；在加工领域，土库曼斯坦棉花和蚕丝出口量居世界前列，但其棉花深加工和丝绸加工工艺较滞后，可在纺织和丝绸行业开展合作。

二是加强农业技术推广体系建设之间的合作。可与土库曼斯坦政府有关部门合作，建立与完善两国间的农业技术推广体系，互相加强交流与合作，建立系统化的职业教育培训体系。

三是充分发挥中国养蚕产业技术的传统优势。与土库曼斯坦相比，中国在纺织和丝绸行业技术领先，可与土库曼斯坦共同合作开办纺织企业，同时也可带动纺织设备的出口。例如，土库曼斯坦的土库曼纳巴特市建成一个最现代化的缫丝厂，其中安装了5条来自中国的缫丝生产线，借助中国提供的设备和优质蚕种，生产出高品质蚕丝和精美的纯天然丝绸。

四是加强水产养殖领域的合作。利用中国的独特优势，与土库曼斯坦合作开展对当地养殖环境的考察，在环境可承载范围内，推广中国的成功经验，推动土库曼斯坦里海沿岸海水养殖和水库湖泊淡水养殖的发展，以南南合作框架下的渔业技术培训项目为契机，深化中土两国间水产养殖方面的合作。

五是开展农业可持续技术、发展有机农业和生态农业等方面的合作研究。在"互联网+"现代农业建设方面推广中国经验和中国方案，帮助土库曼斯坦加强网络等基础设施建设，推动休闲农业和乡村旅游业的发展，实现一二三产业的深度融合。

五、中土农业合作建议

（一）坚持以政策方针为导向积极开展农业合作

根据中土两国开展双边贸易的现实需求，以及土库曼斯坦"在2030年之前改变国家经济对油气产业的依赖，实现产业结构多元化"的总体发展目标，即在首都阿什巴德市及周边地区（阿哈尔州）主要从事建筑、建材、纺织及其他加工业的投资；在达绍古兹州主要从事农业及农产品加工业的投资等，因此建议应及时关注和掌握土库曼斯坦相关政策的方向，抓住机遇，积极寻求对外合作。

（二）进一步挖掘在农业经济技术领域的合作深度

当前，在农产品贸易、农业机械化，以及在防沙治沙、节水灌溉、畜种繁殖、良种培育等方面开展合作交流的基础上，建议进一步充分利用在西部大开发建设中国家赋予西部地区的一系列与中亚、欧洲国家经贸合作的优惠政策，以及上海合作组织为融入中亚区域经济一体化提供保驾护航的作用，统筹考虑建立与土库曼斯坦农业经济技术合作的长效机制，深入挖掘在农业经济技术领域的合作深度。

（三）努力开创良好的合作环境与交流平台

由于中土两国在政治、宗教、民族等方面存在诸多不稳定因素，目前我国对土库曼斯坦国情缺乏全面系统地了解，对土库曼斯坦的长远发展缺乏深入研究与战略性评价。因此建议应在深化与土库曼斯坦等中亚国家的军事和反恐的基础上，双方要积极落实两国政府间达成的共识，开展两国农业间的经济技术交流会，加强双方的信息交流与沟通，积极推进消除各种非关税壁垒、简化出入境各种手续等，积极落实双方已确立的农业经济技术合作项目，为中土两国企业开展合作创造良好的合作环境与交流平台。

（四）加大对农业合作的投资力度

以石油和天然气等合作为先导，设立亚洲基础设施投资银行专项资金或成立土库曼斯坦农业投资基金，通过各种渠道进行国内和国际融资，加大对土库曼斯坦农业合作的投资力度。此外，可考虑将上海合作组织建设成为集经济性、功能性、开放性为一体的综合性合作组织，下设农业等专业性强、有针对性的经济合作委员会，推动中国与土库曼斯坦在农业领域的合作力度。

（五）充分利用好双边投资协定、税收协定等条约

充分利用好《中华人民共和国政府和土库曼斯坦政府关于鼓励和相互保护投资协定》《中华人民共和国政府和土库曼斯坦政府对所得避免双重征税和防止偷漏税的协定》及议定书等条约，鼓励中国企业积极走出去到土库曼斯坦开展投资合作。同时，应积极为走出去的中国企业提供法律援助，例如认真推敲并灵活设立合同中有关稳定条款、调整或重新谈判条款等，以降低投资风险。

参考文献

阿不都斯力木·阿不力克木.2010.中国新疆与中亚五国发展农业合作潜力及政策分析［J］.世界农业，（7）：38-42.

郭静利，粟若杨.2016.中国与土库曼斯坦农业合作前景分析［J］.世界农业，（11）：183-187.

吴楠，佟方，金玺，等.2016.土库曼斯坦投资环境分析.中国矿业，（25）：138-141.

吉尔吉斯斯坦

吉尔吉斯斯坦是位于中亚东北部的内陆国家，农业生产资源丰富，农业是支柱性产业，农业产值约占国内生产总值的13%，以种植业和畜牧业为主。2016年，农林牧业的总产值28.19亿美元，同比增长3%。其中，种植业占50%，畜牧业占47.7%，农业服务业占2.1%，林业和狩猎占0.2%。吉尔吉斯斯坦农业地区人口约占总人口的65%，约半数的就业人员从事农业工作。食品和农产品加工业是吉尔吉斯斯坦重要的生产部门，是鼓励外资投资的重要行业。作为古丝绸之路的重要节点，吉尔吉斯斯坦连接欧亚大陆和中东地区，拥有得天独厚的地理环境和丰富多样的农业资源环境，同时也是中亚地区最开放的经济体之一。随着经济的发展，逐渐成为中亚地区重要的农业生产地和农产品贸易集散地。中吉两国农业具有很多相似性和互补性，双方自1992年建交以来，在农业科技方面的合作发展迅速，在贸易、投资等领域的合作前景非常广阔。随着农业"一带一路"合作的具体展开，双方的农业合作将翻开新篇章。

一、国家基本概况

（一）地理位置

吉尔吉斯共和国（简称吉尔吉斯斯坦），地理位置位于中亚东北部，北接哈萨克斯坦、西南接塔吉克斯坦，西接乌兹别克斯坦，东南面和东面与中国新疆维吾尔自治区接壤。东西长900千米，南北宽410千米。吉尔吉斯斯坦是内陆国，边界线全长4170千米，面积19.99万平方千米，境内多为山地，全国海拔在500米以上，其中90%的地区在海拔1500米以上，终年可见雪山，素有"中亚瑞士"之称。吉尔吉斯斯坦境内有世界第二大高山湖——伊塞克湖，现为中亚的旅游胜地。

（二）人口概况

截至2016年年底，吉尔吉斯斯坦全国人口为608.3万，主要分布在楚河州、奥什州和贾拉拉巴德州。其中，城镇人口218.1万，占总人口的35.9%，农村人口390.2万，占总人口的64.1%（图1）；男性占总人口的49.6%，女性占总人口的50.4%，男女比例基本平衡；65岁和65岁以上人口总数26.5万人，占总人口的4.4%，人口老龄化发展速度较慢；农业就业人员占就业总数的30%左右。

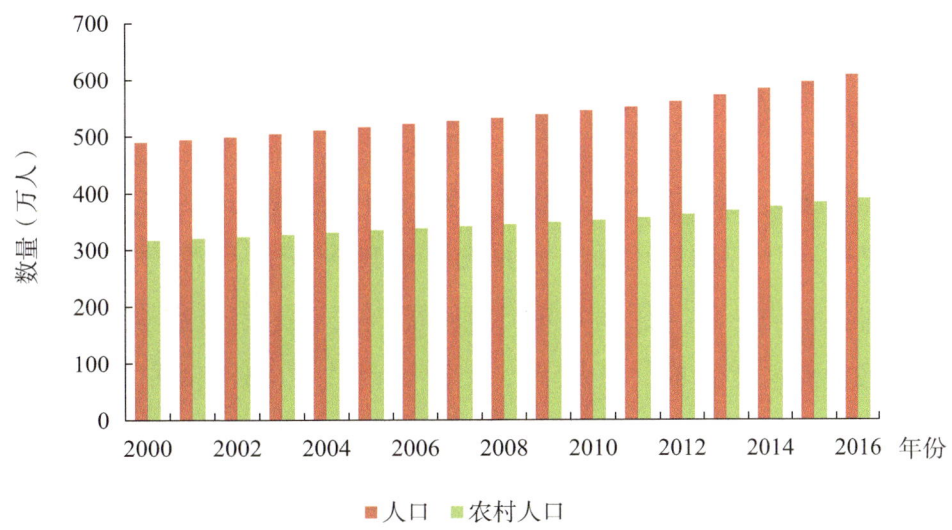

图1　2000—2016年吉尔吉斯斯坦人口与农村人口数量变化

数据来源：世界银行

吉尔吉斯斯坦劳动和社会发展部统计数据显示，截至2017年1月1日，全国登记未就业人口5.56万人，同比下降0.8%，其中女性占比53%，全国失业率为2.2%。由于本国工作机会少、工资低，形成大批的劳动移民。每年在境外工作谋生的吉尔吉斯斯坦公民约有70万人，其中，由于具备语言优势（本国语言及俄语），在俄罗斯工作的吉尔吉斯斯坦人占大多数，约为50万人，在哈萨克斯坦工作的有7万多人，其余则分布在欧盟、阿联酋、韩国等国家和地区。由于出生率较高，吉尔吉斯斯坦本国劳动力在未来一定时期内都将保持供大于求。但是，由于熟练技工短缺，因此对外来劳务人员有一定需求。

吉尔吉斯斯坦有80多个民族，其中吉尔吉斯族占72.8%，乌兹别克族占14.5%，俄罗斯族占6.2%，东干族占1.1%，哈萨克族占0.6%。官方语言为吉尔吉斯语和俄语，其中国语是吉尔吉斯语，官方语言是俄语。

吉尔吉斯斯坦人饮食规矩较多且很严格，饮食中大多数是牛奶和肉类，忌食猪、狗、驴、骡、蛇肉、猛禽肉及自死畜肉。

（三）区域划分

1991年8月31日，吉尔吉斯最高苏维埃通过国家独立宣言，正式宣布独立，并修改国名为吉尔吉斯共和国。首都为比什凯克，是全国政治、经济、文化、科学中心。全国划分为7个州和2个直辖市，分别为：楚河州、塔拉斯州、奥什州、贾拉拉巴德州、纳伦州、伊塞克湖州、巴特肯州、比什凯克市和奥什市。奥什市是吉尔吉斯斯坦第二大城市，被称为该国的

"南方之都",该城市拥有至少 3000 年的历史。

(四)政治制度

吉尔吉斯斯坦是政教分离的国家,2010 年 6 月,通过宪法修正案全民公决,国家政体由总统制过渡到议会制,行政权由政府总理负责。国家元首是总统索隆拜·热恩别科夫,2017 年当选,根据新宪法,总统任期 6 年,且不能连任。国家最高立法机构是议会,实行一院制,议会由 120 名议员组成,任期为 5 年,议会共设 16 个委员会。实行多党制,主要政党有:社会民主党、"共和国—故乡"党、"吉尔吉斯斯坦"党、进步党、共同党、祖国党。

(五)社会和经济发展状况

吉尔吉斯斯坦经济以农牧业为主,工业基础较为薄弱。官方货币为索姆。在独立初期,经济一度出现下滑。21 世纪初,通过调整经济改革方案,逐渐向市场经济转变,进行私有化和非国有化的改造,实现了经济的低速增长,工业生产稳步提升,物价保持相对平稳,通货膨胀率降至历史最低。针对本国国情,吉尔吉斯斯坦在制订 2000—2010 年发展规划时,将未来一段时间经济工作的重点放在旅游业和扶持中小企业发展。2007、2008 年,国民经济实现较快发展;2009 年,受国际金融危机和俄罗斯等国经济形势的影响,吉尔吉斯斯坦经济增速降低,但未出现剧烈波动;2010 年,吉尔吉斯斯坦经济出现下滑;2011 年以来,吉尔吉斯斯坦逐渐走出国际金融危机和国内动荡局势的阴影,经济总量有所提升,失业率下降,贸易量大幅提高;2013 年国民生产总值大幅上升,达到 73.4 亿美元,涨幅高达 10.9%,是吉尔吉斯斯坦独立以来的最高纪录;2014 年受外部经济影响,吉尔吉斯斯坦经济增长速度放缓,全年增长 4.0%;2015—2016 年,随着国内矿产、建筑等重点行业恢复生产,经济呈现平稳发展态势,按现价本币单位计算,GDP 年均增长率在 3.8% 左右。2016 年国内生产总值 65 亿美元(表 1、图 2),人均 GDP 为 1125 美元。

表 1 吉尔吉斯斯坦 GDP (单位:亿美元)

年份	1990 年	2000 年	2006 年	2007 年	2008 年	2009 年	2010 年	2011 年	2012 年	2013 年	2014 年	2015 年	2016 年
GDP	26.74	13.70	28.34	38.03	51.40	46.90	47.94	61.98	66.05	73.35	74.04	66.78	65.51

数据来源:世界银行

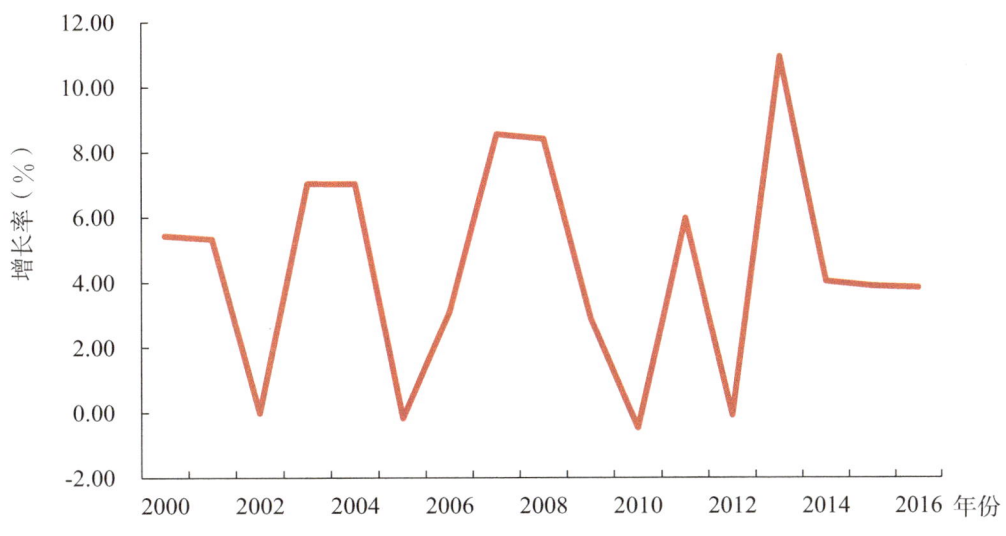

图 2　2000—2016 年吉尔吉斯斯坦 GDP 增长率变化

注： GDP 按现价本币单位计算
数据来源： 世界银行

吉尔吉斯斯坦经济对外贸依存度较高，据其官方统计，近年来其出口总额保持在 GDP 的 40% 左右。矿业是吉尔吉斯斯坦的经济支柱，由于能源短缺和加工业落后，本国出口的产品主要是矿产和农产品，进口的产品主要是能源和工业制成品，且这种外贸结构在短期内难以发生显著性变化。吉尔吉斯斯坦主要贸易伙伴约有 30 个国家，与俄罗斯、中国、哈萨克斯坦、瑞士等国家贸易占比较高。吉尔吉斯斯坦自独立后，就实行对外贸易自由化，个人、企业和组织均可从事进出口贸易业务。根据吉尔吉斯斯坦国家统计委员会公布的数据，2016 年全年吉尔吉斯斯坦对外贸易进出口总额 54.64 亿美元，同比下降 1.4%。其中出口额为 15.45 亿美元，同比增长 5.1%（对独联体国家出口增长 1.7%，独联体以外国家出口增长 7.2%）；进口额为 39.19 亿美元，同比下降 3.7%（对独联体国家进口下降 23.4%，独联体以外国家进口增长 19%）。进口额是出口额的 2.5 倍，贸易逆差 23.74 亿美元，比 2015 年有所减少。从进、出口的贸易结构上看，吉尔吉斯斯坦出口占比 28.3%，进口占比 71.7%。从贸易国别方面看，欧亚经济联盟占吉贸易额的 35.9%，其中出口占 27.1%，进口占 39.4%。2016 年，吉尔吉斯斯坦主要出口商品是：非货币黄金、服装及其附件、航空煤油、水果、牛奶及其制品；主要进口商品是：鞋、服装及其附件、汽油、柴油和药物。2016 年，吉尔吉斯斯坦与 138 个国家有贸易关系，其中出口 82 个国家，进口 131 个国家。农产品出口方面，吉尔吉斯斯坦通过在各地建立农产品集散中心、农产品加工厂、农业产业园区等措施，提高农产品出口的能力。

在向市场经济转轨过程中，吉尔吉斯斯坦政府高度重视吸引外国投资，通过改善国内投资环境，发挥外资引进对本国经济的促进作用。吉尔吉斯斯坦引进外资的方式主要有：外国直接投资、证券投资资助和技术援助等类型。2015年，吉尔吉斯斯坦加入欧亚经济联盟，联盟伙伴国对其投资规模不断扩大。根据吉尔吉斯斯坦国家统计委员会数据，2016年吉尔吉斯斯坦吸引外国直接投资总额为6.16亿美元，同比下降46.1%，主要来自俄罗斯、中国和哈萨克斯坦等。按地区分，吉尔吉斯斯坦吸引外国投资最多的地区集中在比什凯克市、楚河州、塔拉斯州、贾拉拉巴德州、巴特肯州等地区。按行业分，吉尔吉斯斯坦吸引外资的领域主要是金融中介与保险、科学技术、加工业、建筑业和批发零售贸易及汽修。

吉尔吉斯斯坦位于欧亚枢纽，是古丝绸之路的重要节点，连接欧亚大陆和中东，是大国势力东进西出、南下北上的要冲。吉尔吉斯斯坦目前政局较为稳定，经济发展处于上升期，经济自由度较高，市场准入制度宽松，但法制建设仍在完善的过程之中，政府在努力改善投资环境。吉尔吉斯斯坦是独联体、世界贸易组织、上海合作组织和欧亚经济联盟等多个国际组织的成员国，产品出口至独联体、欧洲和西亚国家具有一定的便利。吉尔吉斯斯坦的产品向中亚和独联体其他国家辐射，中国出口到吉尔吉斯斯坦的产品，约70%转口至中亚邻国，过境运输优势明显，贸易位置便利，投资条件较为宽松，可作为农业生产、农产品加工及分拨转运基地。

交通运输方面，吉尔吉斯斯坦主要是内陆国家，没有出海口，公路运输是其主要的运输方式，国内90%以上的客运量和货运量都是靠公路运输完成。境内各类道路总长约3.40万千米，其中各地公路总长1.88万千米，城镇、乡村及各类企业用地1.52万千米。吉尔吉斯斯坦独立后，道路老化和损毁严重，由于缺少资金，公路建设缓慢。2005年吉尔吉斯斯坦开始积极争取有关国家和国际金融组织援助和贷款，用于修复和新建公路。吉尔吉斯斯坦将发展交通基础设施作为经济发展的紧迫任务，境内主要公路有8条，分别是：比什凯克—奥什（672千米）、比什凯克—纳伦—吐尔尕特（539千米）、奥什—伊斯法纳（385千米）、奥什—伊尔克什坦（258千米）、塔拉兹—塔拉斯—苏萨梅尔（199千米）萨雷塔什—卡拉梅克（142千米）、比什凯克（卡拉巴尔塔）—恰尔多瓦尔（31千米）、比什凯克—格奥尔吉耶夫卡（16千米）。主要国际运输线路有8条，分别连接俄罗斯、乌兹别克斯坦、哈萨克斯坦、中国、白俄罗斯等。2017年，计划开通比什凯克—喀什—乌鲁木齐、奥什—喀什—乌鲁木齐国际运输线路，实现中吉尔吉斯斯坦际公路直达运输。铁路方面，吉尔吉斯斯坦境内铁路运输不发达，铁路网南北互不相连，铁路总长度423.9千米。其中北方铁路总长度322.7千米，东起巴雷克奇，向西经吉—哈边境连接哈萨克斯坦铁路网，可直达俄罗斯。民航方面，吉尔吉斯斯坦现有14家航空公司，其中本国企业7家，国外企业7家，开通民用航线 19 条，其中国内航线 3 条，国际航线 16 条，分别连接俄罗斯、哈萨克斯坦、乌兹别克斯坦、塔吉克斯坦、土耳其、伊朗、阿联酋、英国、中国等国家。航运方面，吉尔吉斯斯坦主要是伊塞克湖为主的内河航运，港口有巴雷克奇、卡拉阔尔，航程总长为 189 千米。

通信方面，吉尔吉斯斯坦非常重视发展通信业，通信业产值在国民经济中占有十分重要的位置。其中，国家电信公司是国内最大的固网运营商，Skymobile 是最大的 GSM 运营商。目前吉尔吉斯国内的互联网普及率超过 70%，由于吉尔吉斯斯坦是山地国家，在山区铺设光缆的难度较大，因此逾 70% 的网络都在比什凯克等大城市。2015 年，吉尔吉斯斯坦通信服务的总收入为 4.3 亿美元，同比增长 5.3%。其中移动通讯产值行业占比 84%；互联网产值行业占比 10%。2016 年，吉尔吉斯斯坦通讯业实现收入 265 亿索姆（约合 3.79 亿美元），同比下降 6.7%；移动通信终端用户达 711.3 万户。

（六）同中国的关系

吉尔吉斯斯坦是中国的友好邻邦，两国于 1992 年 1 月 5 日建交，双边关系健康顺利发展，历史遗留的边界问题得到了彻底解决，两国共同边界长达 1096 千米。中吉双边政治关系紧密，高层互访频繁，2013 年 9 月习近平主席访问吉尔吉斯斯坦，将两国关系提升为战略伙伴关系。2017 年 1 月 6 日，习近平主席在会见吉尔吉斯斯坦总统阿塔姆巴耶夫时指出，中吉建交 25 年来，两国政治互信不断深化，经济合作全面推进，双边关系达到前所未有的高度；中吉已经成为真正的好朋友、好邻居和好伙伴。

密切的政治关系为推动中吉经贸、投资合作奠定了良好的基础。吉尔吉斯斯坦 1998 年加入世界贸易组织（WTO），贸易高度自由化，进口关税平均约为 5%，进口商品中约 46.6% 为零关税，长期以来便是中国商品在中亚的转口中心，中吉商品贸易多年来持续增长，2017 年，吉尔吉斯斯坦与中国贸易额为 15.91 亿美元，占贸易额比重为 25.5%，中国成为吉尔吉斯斯坦第一大贸易伙伴，同时还是第一大进口来源国。中国是吉尔吉斯斯坦最大的投资来源国之一，中国在吉投资和经济合作项目涉及交通、能源、通信、矿产、建材生产、商品分拨和餐饮等。

二、农业发展现状

农业是吉尔吉斯斯坦的支柱性产业，农业产值约占国内生产总值的 13%，以种植业和畜牧业为主，农业生产资源丰富。2016 年，农林牧业的总产量是 28.19 亿美元，同比增长 3%。其中，种植业占 50%，畜牧业占 47.7%，农业服务占 2.1%，林业和狩猎占 0.2%。吉尔吉斯斯坦农业地区人口约占总人口的65%，约半数的就业人员从事农业工作。食品和农产品加工业是吉尔吉斯斯坦重要的生产部门，是鼓励外资投资的重要行业。

吉尔吉斯斯坦种植业近年来发展较快，单产水平不断上升，但由于种植业基础较为薄弱，还存在很大的上升空间。吉尔吉斯斯坦农业生产中化肥、农药等农资投入较少，耕地没有得到有效的利用，土壤肥力普遍不高，农业生产技术没有得到广泛的推广和使用。与此同时，该国农业基础设施和农资投入较小，配套灌溉系统不完善，基础设施年久失修，农业用水效率低下，部分地区农业生产还是靠天吃饭，农业产量受降水等气候条件影响较大。农产品加工业发展落后，产前、产中和产后的社会化配套系统不完善，农业整体发展受限。如楚河地区和费尔干纳盆地果园业和葡萄种植业比较发达，但是由于产业链不完善，得不到有效利用和加工，出口邻国受到限制，导致大部分资源被浪费。

吉尔吉斯斯坦拥有大面积天然牧场，适合发展畜牧业，但是由于受到养殖方式、饲草种植技术和优良种畜等条件的制约，未形成规模化养殖，畜牧业产品出口的比较优势得不到充分体现。且农业生产部门获得政府补助较少，融资渠道不通畅，农业发展缺少资金的支持，农业规模较小，农产品出口潜力仍然没有得到充分发掘。受市场规模和管理水平的限制，吉尔吉斯斯坦对外资的吸引能力有待提升，利用外资促进本国产业结构的优化升级。由于激励和保障措施不健全，导致优秀科研人员流失海外，本国科研创新的力度较小。这些因素导致吉尔吉斯斯坦出口的农产品附加值不高，农产品和食品加工业不发达。

（一）资源情况

吉尔吉斯斯坦农业中以种植业和畜牧业为主，农业生产资源丰富。吉尔吉斯斯坦具有大量的草地资源，畜牧业发展具有得天独厚的优势。种植业方面，由于管理和投入不足，粮食产量不高，为满足本国粮食需求，种植粮食作物比重较大，经济作物种植比重较小，制约了本国种植业经济的发展。对比来看，工业基础较为薄弱，处于资源开采的阶段。

1. 气候条件

吉尔吉斯斯坦地处欧亚大陆中心地带，距离沙漠近，离海洋远，是大陆性气候，属于北温带，其中大部分属于温带，南部地区属于亚热带。吉尔吉斯斯坦四季分明，夏天高温、干燥，冬季寒冷，昼夜温差大。春季平均气温0～10℃，夏季平均气温14～28℃，秋季10～24℃，冬季-5～6℃。全年少雨，年降水量由西向东递增，年降水量中部约为200毫米，西部和北部山区约为800毫米。作为发展中国家，吉尔吉斯斯坦农业生产受气候影响较大，气候对农作物生长和丰产具有决定性作用。

2. 土地资源

吉尔吉斯斯坦国土面积19.99万平方千米，边界线全长4170千米。据世界银行统计，2014年吉尔吉斯斯坦农业用地面积1055.71万公顷，占土地面积的55%，其中耕地面积128.06万公顷，占土地面积的6.7%，人均耕地面积0.22公顷，大部分耕地分布在海拔1200～1600米的地区，大部分需要人工灌溉，农业生产受气候影响较大；森林面积64.5万公顷；牧场和天然割草场面积800万公顷左右。在土地所有制方面，吉尔吉斯斯坦农业土地实行私有化制度，允许土地自由转让、出售和继承。

3. 水资源

吉尔吉斯斯坦境内河流湖泊众多，拥有丰富的水资源，潜在的水力发电能力为1420.5亿千瓦时，水资源总量在独联体国家中排名第三，仅次于俄罗斯和塔吉克斯坦。锡尔河、阿姆河等多条河流均发源于该国境内，本国主要河流有纳伦河、恰特卡尔河、萨雷查斯河、楚河、塔拉斯河、卡拉达里亚河和克孜勒苏河等，主要湖泊有伊塞克湖、松格里湖和萨雷切列克湖等，其中伊塞克湖是世界第二大高山湖，冬季不结冰，是该国境内最大的自然景观，周边的草场是重要的游牧基地。吉尔吉斯斯坦拥有帕米尔—阿赖山系的一部分和天山内陆山系的西半部，拥有丰富的冰川资源，冰川总面积约占国土面积的4.1%，是境内多条重要河流的源头。吉尔吉斯斯坦地下水资源较为丰富，主要分布在西部的费尔干纳谷地及北部的伊塞克湖、楚河。境内地下水资源便于开发，可以满足居民用水、农业灌溉的需求，吉尔吉斯斯坦河流水质较好，总溶解固体（TDS）不高，硬度较低或适中，符合日常生活、农业灌溉及工业用水的要求。

农业灌溉方面，由于吉尔吉斯斯坦缺乏大型蓄水设施，灌溉系统老化，配套设施不完善，分散化管理，导致农业用水利用率较低，部分地区存在缺水的问题。随着人口的不断增长，对粮食等农作物的需求也在不断上升，吉尔吉斯斯坦非常重视开垦新的可浇地。2017年吉尔吉斯斯坦计划建设11项灌溉工程，其中6项由中国政府援助，总造价3200万美元，1项由伊斯兰发展银行资助，4项由吉尔吉斯斯坦国家财政资助。据报道，吉尔吉斯斯坦农业、食品工业和土壤改良部在2016—2026年将建设完成45项灌溉工程，可新增灌溉用地6.5万公顷，保障5.1万公顷土地的灌溉用水，并将9500公顷的灌区由井灌改为自流浇灌方式。

吉尔吉斯斯坦水能储量非常丰富，目前仅开发了10%，现有水电站18座，总装机容量291万千瓦，年均发电量140亿千瓦时，基本可以满足国内用电需求。托克托库尔水库位于吉尔吉斯斯坦纳伦河下游和锡尔河起点，蓄水规模195亿立方米，水坝高215米，托克托库尔水电站装机容量120万千瓦，年均发电量57亿千瓦时。该电站负有调节纳伦、锡尔河流域费尔干纳盆地的农田灌溉职能，并负责向吉尔吉斯斯坦北部地区供电。目前，吉尔吉斯斯坦电网连接哈萨克斯坦、乌兹别克斯坦及中国，吉尔吉斯斯坦每年从乌、哈进口部分电力，并向哈、中出口部分电力。

4. 生物资源

吉尔吉斯斯坦境内动植物品种繁多，植物达 3786 种，其中约 1600 种具有经济价值，如麻黄、沙棘和甘草等。经济作物主要有甜菜和棉花，吉尔吉斯斯坦曾是苏联最大的甜菜生产地，独立后种植面积出现下滑；棉花是其第二大经济作物，棉花种植面积不断扩大，产量和单产也有一定的增长。吉尔吉斯斯坦拥有世界上最大的野生核桃林和野生苹果林。

（二）农业生产状况

1. 农业产值构成

吉尔吉斯斯坦丰富的资源为农业发展提供了便利条件，近 5 年来，吉尔吉斯斯坦农业增加值占 GDP 的比重保持在 15%～19%，且呈现下降趋势，2016 年农业增加值为 8.67 亿美元（图 3）。

图 3　2000—2016 年吉尔吉斯斯坦农业增加值与增长率变化

注：年增长率按照农业增加值（不变价本币单位计算）

数据来源：世界银行

吉尔吉斯斯坦农业生产主要集中在楚河州、奥什州和贾拉拉巴德州，主要是种植业和畜牧业生产。其余四个州农业生产总体发展较低，尤其是两个以畜牧业生产为主的纳伦州和塔拉斯州，受区域地理条件、交通运输和市场等因素影响，农业发展比较落后。

吉尔吉斯斯坦农业产值中，种植业和畜牧业占大部分比重。2016 年，全国农林牧业的总产值为 28.19 亿美元，同比增长 3.0%。其中，种植业占比 50.0%，畜牧业占比 47.7%，农业服务业占比2.1%，林业和狩猎业占比0.2%。2014—2016年，种植业和畜牧业产值均呈现下降趋势（表2）。

表2 2014—2016年吉尔吉斯斯坦农业产值组成　　　　　　　　　（单位：亿美元）

年　份	种植业	畜牧业	林业和狩猎业	农业服务业	合　计
2014	18.33	17.21	0.11	0.58	36.23
2015	15.38	14.55	0.03	0.61	30.57
2016	14.10	13.45	0.05	0.59	28.19

数据来源：吉尔吉斯斯坦国家统计委员会

2. 种植业

吉尔吉斯斯坦种植业以土地密集型为主，农业经济的总体是粮食作物和经济作物。为了保证本国粮食安全，实现粮食自给，吉尔吉斯斯坦政府进行了政策调整，减轻了农民对部分经济作物的种植热情。2016年，吉尔吉斯斯坦风调雨顺，种植业全年种植面积119.23万公顷，比2015年增加6400公顷；谷物产量172.81万吨，同比增长0.3%；籽棉产量5.21万吨，同比增长18.1%；甜菜产量70.52万吨，同比增长2.85倍，增长较为明显；油料作物4.13万吨，同比下降15.8%；马铃薯产量138.84万吨，同比下降2.0%；蔬菜产量106.93万吨，同比增长1.6%；瓜类产量23.73万吨，同比下降4.5%；果类产量23.93万吨，同比增长14.4%；烟草产量500万吨，同比下降65.1%（表3）。

表3 2016年吉尔吉斯斯坦主要农作物产量　　　　　　　　　（单位：万吨，%）

作物品种	谷物	籽棉	甜菜	油料	马铃薯	蔬菜	瓜类	果类	烟草
产量	172.81	5.21	70.52	4.13	138.84	106.93	23.73	23.93	500
同比增减率	0.3	18.1	2.85	-15.8	-2	1.6	-4.5	14.4	-65.1

数据来源：中华人民共和国驻吉尔吉斯斯坦大使馆经济商务参赞处

出于保障本国粮食安全的考虑，吉尔吉斯斯坦政府十分重视粮食生产，出台惠民政策鼓励种植业发展，提高本国农业综合生产能力，取得了一定的效果，谷物的单产和总产得到了大幅提高。2016年全年吉尔吉斯斯坦谷物产量176.40万吨，同比增长0.6%，其中大麦、玉米、小麦产量分别达41.53万吨、64.87万吨、66.15万吨（图4）。

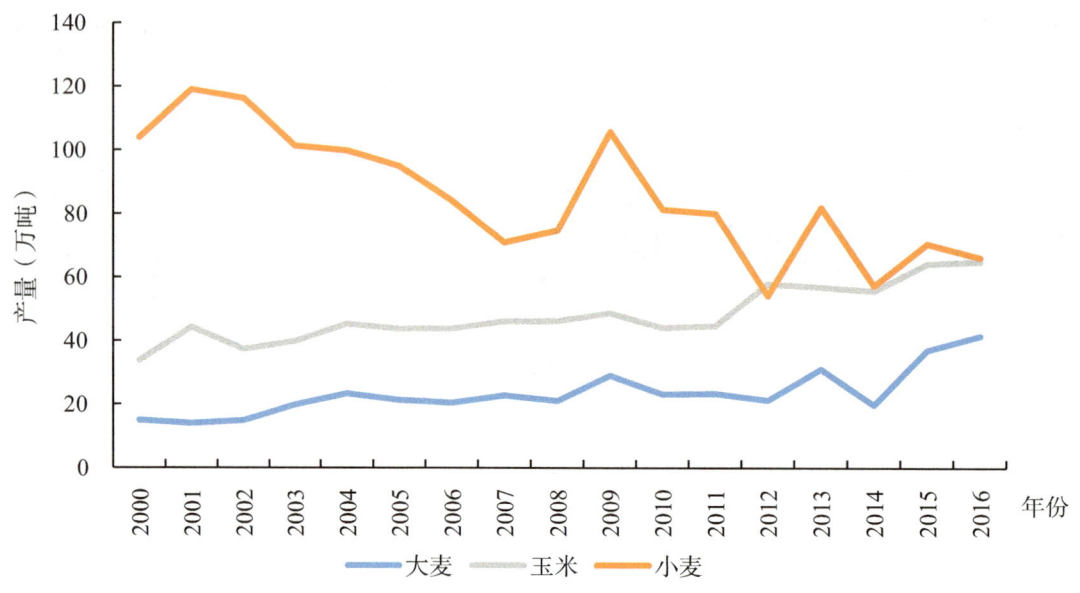

图4　2000—2016年吉尔吉斯斯坦粮食产量变化

数据来源：粮农组织统计数据库

经济作物方面，近年来油料作物收获面积和产量出现下滑，单产保持基本稳定（图5）。蔬菜作为出口农产品，近年来产量和收获面积维持在较高水平，波动较小（图6）。

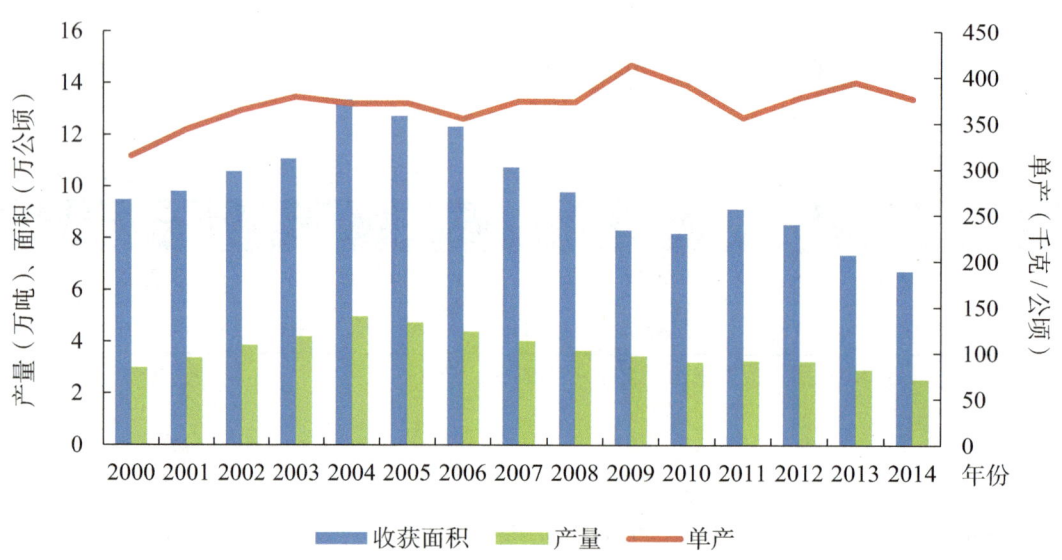

图5　2000—2014年吉尔吉斯斯坦油料作物收获面积、产量及单产变化（数据只更新至2014年）

数据来源：粮农组织统计数据库

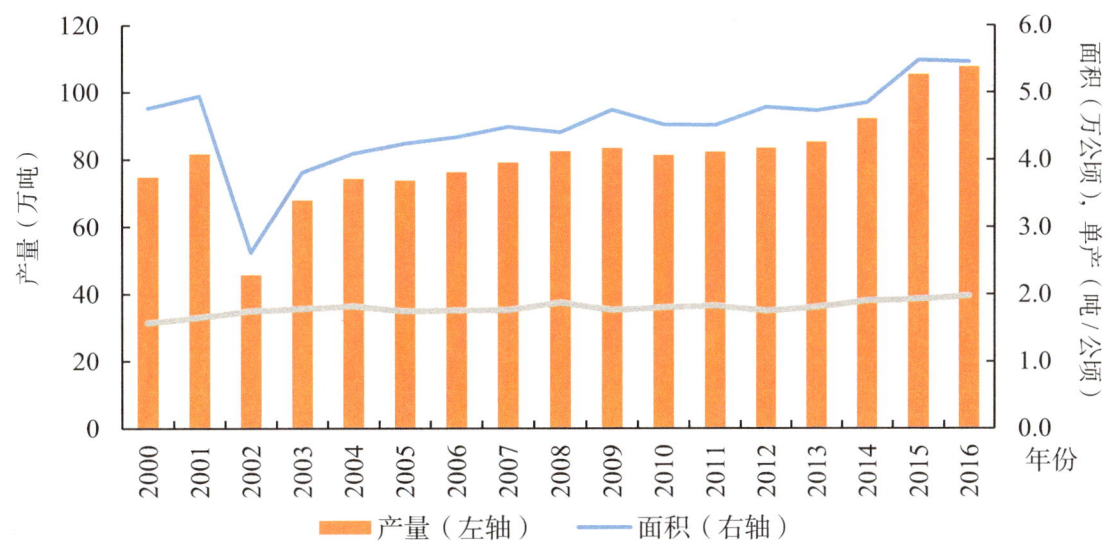

图6 2000—2016年吉尔吉斯斯坦蔬菜收获面积、产量及单产变化

数据来源：粮农组织统计数据库

3. 畜牧业

吉尔吉斯斯坦畜牧业发展历史悠久，境内牧场和天然割草场达900多万公顷，具有良好的条件发展畜牧业，是中亚地区的畜牧大国。近年来，吉尔吉斯斯坦畜牧养殖业发展较为迅速，主要产品有牛羊肉、皮、毛、蛋和奶等，其中活动物产品具有很大的出口优势。2016年，畜牧业各产品产量均有所提高，畜禽肉产量38.85万吨，同比增长2.2%；牛奶产量152.46万吨，同比增长2.9%；鸡蛋产量4.69亿枚，同比增长8.5%；羊毛产量1.23万吨，同比增长2.5%（表4）。

表4　2015—2016年吉尔吉斯斯坦畜牧产品生产情况　　（单位：万吨，%）

畜牧产品	2015年		2016年	
	产　量	同比增长率	产　量	同比增长率
禽畜肉	38.00	3.0	38.85	2.2
牛奶	148.11	2.4	152.46	2.9
羊毛	1.21	2.3	1.23	2.5
鸡蛋（亿枚）	4.33	-2.9	4.69	8.5

数据来源：中华人民共和国驻吉尔吉斯斯坦大使馆经济商务参赞处

2000—2016年，鸡蛋产量总体呈现上升趋势，但是年增长率放缓，鸡蛋产量维持在较高水平（图7）；肉类产量呈现波动上升趋势，年增长率波动幅度较大（图8）；牛奶产量小幅波动，整体较为稳定（图9）。

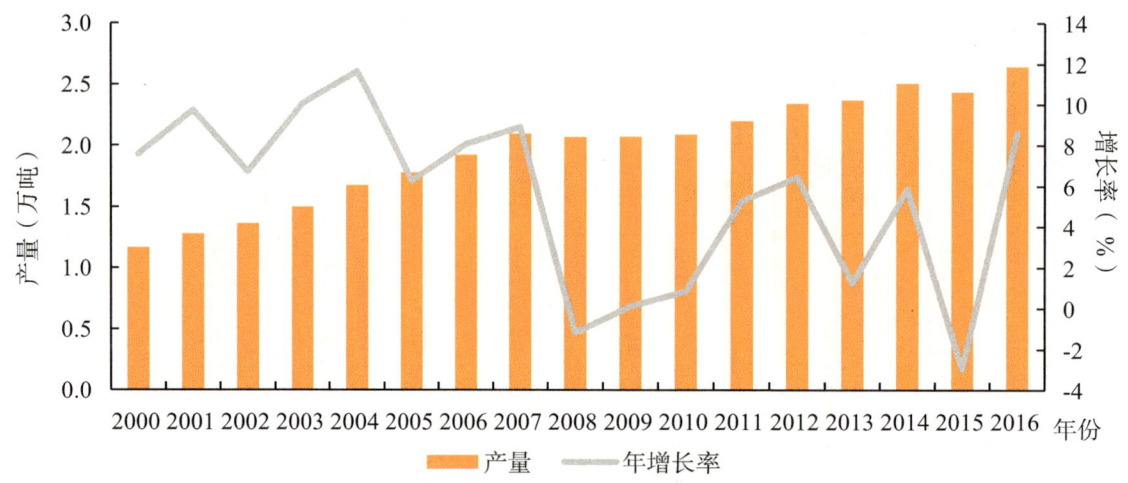

图7 2000—2016年吉尔吉斯斯坦禽蛋产量变化

数据来源：粮农组织统计数据库

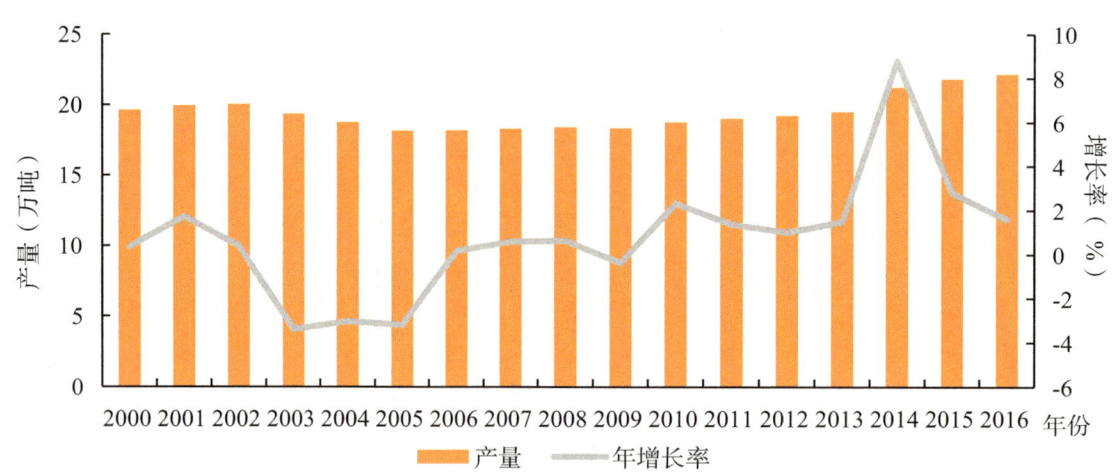

图8 2000—2016年吉尔吉斯斯坦肉类产量变化

数据来源：粮农组织统计数据库

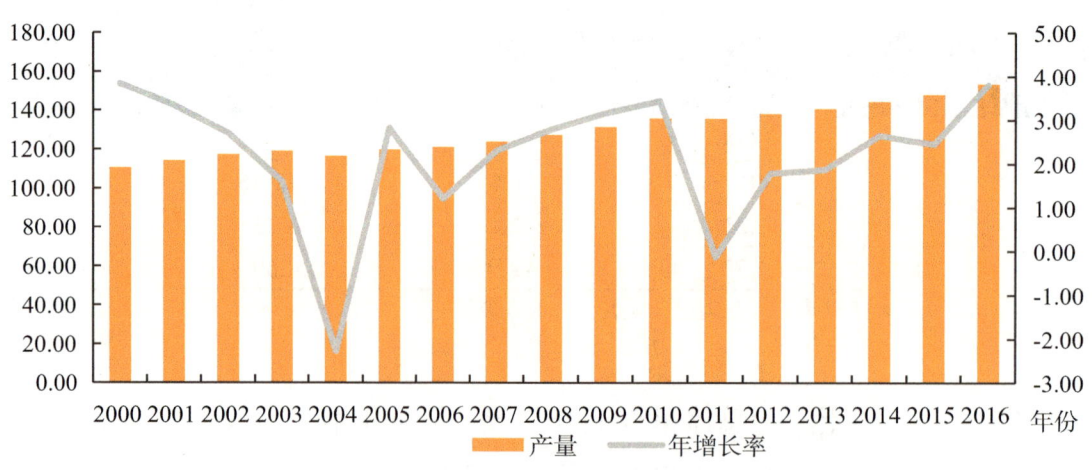

图9 2000—2016年吉尔吉斯斯坦奶类产量变化

数据来源：粮农组织统计数据库

4. 农产品加工业

农产品加工业作为吉尔吉斯斯坦经济发展的重点领域之一，具有很大的发展潜力。目前，农产品加工链条尚不完善，在收储、加工和运输等多个环节的发展较为落后，未能与农业龙头企业充分合作，相应的社会化配套体系不健全。吉尔吉斯斯坦发展农产品加工业，对确保食品安全、提高农产品出口量和提高就业率等大有益处。吉尔吉斯斯坦政府提供税收、贷款和海关等方面的优惠政策，促进农产品加工业的发展，重点推动肉制品、奶制品、羊毛、果蔬和皮革等产品出口。

（三）农产品贸易状况

1. 贸易现状

吉尔吉斯斯坦 1998 年加入 WTO，是中亚五国中最早加入该国际组织的国家。吉尔吉斯斯坦开放度高，对外贸易的依赖性强。农产品贸易方面，吉尔吉斯斯坦在棉花、蔬菜、水果、烟草、牛、羊和马等动植物产品生产上具有较高的比较优势，出口竞争力比较大。

近年来，吉尔吉斯斯坦主要出口农产品是棉花、肉制品、水果及坚果等。2016 年出口棉花 3.96 亿美元，同比增 25.3%；肉制品 5557 万美元，同比减 35.6%；水果及坚果 2958 万美元，同比减 28.9%。2017 年起，欧亚经济联盟拟减少自第三国的食品和农产品进口，其中马铃薯减少 50%、肉制品减少 50%、奶制品减少 45%、糖类减少 36%。吉尔吉斯斯坦作为欧亚经济联盟成员国，农产品出口将有一定的提升，可以推动本国食品生产能力发展，提高农产品深加工水平。

目前，吉尔吉斯斯坦农业综合生产能力有限，粮食安全未得到有力保障，且在致力于发展加工业，对原材料等部分农产品进口需求较大。近年来，吉尔吉斯斯坦主要进口农产品是生皮（毛皮除外）及皮革、水果及坚果、羊毛等。相比出口规模，农产品进口规模较小。2016 年进口生皮（毛皮除外）及皮革 2625 万美元，同比减 2.3%；水果及坚果 191 万美元，同比减 44.8%；羊毛 129 万美元，同比减 7.2%。

吉尔吉斯斯坦主要贸易伙伴大约有 30 个国家。与俄罗斯、中国、哈萨克斯坦、乌兹别克斯坦、阿联酋、土耳其、德国、瑞士、加拿大、美国等 10 个国家的贸易额占总贸易额的 85% 以上。吉尔吉斯斯坦独立初期，对外贸易迅速向非独联体国家倾斜，与原苏联国家的贸易额和其他经济联系一度中断。近几年，随着独联体各国经济的复苏，吉尔吉斯斯坦与独联体国家的贸易形势呈现上升趋势。

2. 中国与其贸易情况

中吉两国自建交以来，双边贸易保持稳定增长态势，随着"一带一路"倡议的推进，两国农产品贸易增速明显。近年来，中国从吉尔吉斯斯坦进口农产品主要是生皮（毛皮除外）及皮革、羊毛等，向吉尔吉斯斯坦出口农产品主要是棉花。吉尔吉斯斯坦海关统计，2016年，吉中贸易额15.49亿美元，同比增长50%。其中吉尔吉斯斯坦向中国出口8010万美元，出口同比增长120.0%；从中国进口14.68亿美元，进口同比增长42.7%。中国为吉第一大贸易伙伴国、第一大进口来源国和第六大出口目的国。2016年，中国从吉尔吉斯斯坦进口的主要商品是油料种子和果实、药用植物、烟草、矿产品、石油及其制品、沥青、未加工的动物毛皮、珍珠和宝石、矿石和矿渣、水果和干果、羊毛等。中国向吉尔吉斯斯坦出口的主要商品是服装及其附件、铸铁、钢材、电子产品及其设备、黑色金属及其制品、交通工具、肉类及其肉制品等。中国出口至吉尔吉斯斯坦的产品，约70%转口至中亚邻国。

3. 贸易法规体系

吉尔吉斯斯坦对外经贸主管部门是经济部，其职能是制定并实施国家经济政策、开展对外经贸联系、协调建立市场经济体制、促进企业发展。吉尔吉斯斯坦对外贸易的主要法律依据是《吉尔吉斯斯坦对外贸易法》《吉尔吉斯斯坦许可证法》《吉尔吉斯斯坦海关法》等。

实行进口许可证管理的商品名录中的农产品为烟草，实行出口许可证管理的商品名录中的农产品包括植物类的制药原料、活牲畜等。实行进口配额的商品为生产酒精制品的乙醇酒精，申请使用配额的企业必须具备酒精制品经营许可证。

进出口商品检验检疫方面，吉尔吉斯斯坦对进出口商品实行原产地规则，吉尔吉斯斯坦工商会是政府授权的负责审核和发放原产地认证的主管机构。吉尔吉斯斯坦对部分入境商品实行强制性安全检查，安全检查由政府指定的监管机构和地方检查部门执行，安全检查实行"一站式"服务，同一批商品只可由一个机构或部门检查一次，检查完成的时限一般是5个工作日内。有管辖权的州（市）对同一种商品有多个检查机构时，进口商可以选择其中一家作为安全检查的机构。商检费用按照吉尔吉斯斯坦政府规定收取。对投资项下进口，且具有国际认证的设备、建材、配件等商品，相关部门应于2～3个工作日内完成证书的核查工作，且不收取任何费用。如果接受检查的商品不符合规定，监管机构或商检部门将禁止该商品在境内销售，并通知海关，协助海关制定再加工、转口或销毁的处理意见。自然人携带入境的个人物品、办公设备、"临时进口"项下入境的商品（不包括广播器材），在不超过海关规定数额的情况下，均不必接受强制性的安全检查。截至目前，中吉两国尚未签署检验检疫部门之间相互承认商检证书的双边协议。

吉尔吉斯斯坦海关总署下设15个海关，全国7州、比什凯克市、比什凯克自由经济区、玛纳斯国际机场均设有海关，此外还有南方海关、动力海关、北方海关和北方铁路海关。中吉边境拥有两个公路口岸，分别是吐尔尕特和伊尔克什坦。吉尔吉斯斯坦海关征收的费用主要是：海关手续费，费率为报关货值的0.15%；进口关税，分为从价税、特种税、混合税；消费税，税费按照"消费税税则"的规定的收取，主要涉及柴油、汽油、贵重饰品、烟、酒等商品的进口；增值税，税率为12%，进口商品已交纳消费税的则不再缴纳增值税。

出口退税主要包括：利用本地原材料加工并出口的商品和来料加工产品的再出口。其中，本地原材料加工并出口的商品退还缴纳的增值税，来料加工并出口的商品凭借在海关监管部门办理的许可证，退还进口原料时缴纳的关税和增值税。

吉尔吉斯斯坦给予最惠国待遇的国家包括：所有WTO成员国及与其达成有关双边协议的国家；对于不是最惠国待遇国家或未标注原产地的商品，吉尔吉斯斯坦海关加倍征收关税，且对税则规定为零关税的商品增收10%的进口关税。对欧亚经济共同体成员国吉尔吉斯斯坦免征海关税，且增值税实行目的地征收制度。

（四）农业科技发展

1. 农业科研机构

吉尔吉斯斯坦科研机构主要由国家科学院系统、高校内研究机构、政府职能部门附属科研机构组成。国家科学院系统是吉尔吉斯斯坦主要科研力量，是由技术物理数学和矿山地质科学部、化工生物医学和农业科学部、综合科学部、南方（11地区）部、国家科学图书馆、国家科学出版社、国家科技园等7部分组成。其中，技术物理数学和矿山地质科学部由8个研究所组成；化工生物医学和农业科学部由5个研究所和1个国家植物园组成；综合科学部由4个研究所和1个研究中心组成；南方（11地区）部由4个研究所和1个教育中心组成。

2. 农业科研发展

吉尔吉斯斯坦科研经费短缺，农业科技发展受到限制。一方面，科研人员数量降低，大量流失到国外，科技潜力下降。另一方面，科研资金主要依靠政府拨款，吉尔吉斯斯坦国家财力有限，无力为科研部门提供充足的资金，科研工作受到阻碍，严重影响农业科技的发展。未来，通过加大农业科技投入水平、提高农业科研水平、培养科技人才、推广农业科技普及工作、增强与国外科技交流，是促进吉尔吉斯斯坦农业科技发展的有效途径。

（五）农业管理体系和政策

1. 农业管理体系

吉尔吉斯斯坦农业主要管理机构是农业、食品工业和土壤改良部。1991年底苏联解体，中亚国家在很大程度上被动地实现了国家独立，吉尔吉斯斯坦宣布放弃原有的计划经济体制，向市场经济转变，着手实行经济体制改革。

2. 农业支持政策

吉尔吉斯斯坦农业支持政策主要体现在农业改革方面。吉尔吉斯斯坦农业改革主要包括土地改革和农业企业改革。土地改革方面，吉尔吉斯斯坦宪法规定土地属国家所有，可给予公民或法人使用，土地使用权一次性无偿划归土地经营者，土地使用权期限为49年，在此期间可以交换、出租及出售，并可作为财产继承或抵押。居住和工作在农村的所有吉尔吉斯斯坦公民均有权分得土地。在中亚五国中，吉尔吉斯斯坦是唯一进行土地私有化改革的国家。但是由于政府对农业投入不足，私人土地经营者面临资金短缺的问题。农业企业改革方面，农业企业可根据自身状况，自由选择经营形式，经营形式主要有4种：一是农户经济和小农场主经济，种植业土地面积达到30公顷，畜牧业土地面积达到50公顷的经营主体；二是农业合作社经济，种植业土地面积达到30~100公顷，畜牧业土地面积达到50~150公顷的联合体；三是集体经济，种植业土地面积在100公顷以上，畜牧业土地面积在150公顷以上的集体所有制企业；四是国有经济，土地面积相当于集体经济的国家所有制企业。

近年来，吉尔吉斯斯坦加大对农产品加工和出口的支持力度。总理索隆拜·热恩别科夫于2017年2月签署批准了《第5号农业补贴计划》，该计划旨在通过提供优惠贷款以支持和促进吉尔吉斯斯坦在种植业、畜牧业、农业服务业、农产品加工和出口等领域的发展。吉尔吉斯斯坦农业补贴计划自2013年实施以来，共计发放贷款53590笔，贷款总金额达到171亿索姆。

在早前颁布的《第4号农业补贴计划》中，大部分贷款流向了畜牧业领域，种植业和农产品加工业所占份额很少。自吉尔吉斯斯坦加入欧亚经济联盟以后，随着经济一体化进程的不断推进，吉国政府多次强调要扩大农产品出口规模，支持外向型农业企业的发展。《第5号农业补贴计划》针对相关政策做出了具体调整，主要内容包括：畜牧业贷款利率不超过10%，贷款期限不超过18个月；种植业贷款利率不超过10%，贷款期限不超过24个月；农产品加工和出口领域贷款利率不超过6%，贷款期限不超过36个月。本次农业补贴计划为期3年，2017年发放贷款7亿索姆，由吉尔吉斯斯坦国家银行、商业银行等6家机构负责筹措贷款所需资金[①]。

近年来，吉尔吉斯斯坦也对其草场使用费的相关政策进行调整。根据吉尔吉斯斯坦农业、食品工业和土壤改良部发布的新消息，吉国调整了关于征收和拨付草场使用费方面的政策，并对《吉尔吉斯斯坦草原法》做出相应的修订，具体调整内容主要包括以下两方面：一是调整草场使用费的征收期限截止日期由每年的10月1日延长到11月1日，逾期需按天缴纳滞纳金；二是提高每年征收的拨付地方财政的草场使用费比例不低于征收总额的三分之一。依据吉尔吉斯斯坦相关法律，吉国草原委员会是草场使用协会的执行机构，承担着国家草场使用的管理职能，目前每年征收的草场使用费拨付给地方政府的只是土地税。草原、畜牧和渔业局负责人表示，按照新的调整内容，实际拨付金额将大幅增加。比如，如果2014年全国共征收草场使用费为1.3亿索姆，则实际拨付地方财政为1800万索姆，但按照新规定，总共需要拨付4300万索姆。除了拨付地方财政的部分，征收的草场使用费主要用于草场的维护、改良和发展等方面[②]。

3. 农业发展规划

食品和农产品加工业是吉尔吉斯斯坦鼓励外国投资的重点行业，政府出台了一系列针对该行业的支持政策，包括：调整农产品收购政策和价格；加大金融机构对加工业融资的支持；争取世界银行贷款，用于加工企业订购农产品；加大对烟草行业的扶持力度；加强农产品市场信息服务工作，扩大农产品和食品出口。

完善市场机制，创造宽松的农业发展环境，打通农业生产、流通、加工和贸易等环节，提高农民发展农业生产的积极性，制定优惠的政策吸引国内外资金投入到农业生产及开发领域，延长农业生产产业链，提高初级农产品的有效利用和深加工水平，扶持一批规模化、集约化经营的产销一体化龙头企业，提高企业对农民的带动作用，将资源优势转变为经济优势，实现农业的全面发展。

加强农业科研和推广体系建设，强化农业科研队伍的建设，支持科研设备和设施的更新，建设农业科研实验示范推广基地，增强与国外农业科技交流，引进一批适合吉尔吉斯斯坦农业的先进技术，培养出一批农业科研人员和农技推广人员，增强本国农业的内在生长力。

农业发展远景目标：吉尔吉斯斯坦具有得天独厚的地理环境和自然资源，自然禀赋较好，农业资源环境丰富；吉尔吉斯斯坦经济较为开放，通过发展，将成为中亚地区重要的贸

---

① 资料来源：http://www.gov.kg/?p=89379&lang=ru
② 资料来源：http://www.agroprod.kg/index.php?newsID=240 http://pr.kg/news/kg/2009/10/14/12530/

易集散地。

农业发展规划及重点：加强基础设施建设，方便农业物资的输入输出；加强优良品种引进，促进适应环境的高产品种培育和生产；重视农业灌溉，提高水资源利用率；推广新的农业生产技术，提高生产效率；改善农业经济贸易环境；提高科研水平。

目前灌溉耕地面积占国土面积的比例很小，而全国主要农产品产量都是在这些耕地上生产的，增加灌溉耕地的面积是土地开发利用的重点。加强农田基础设施建设，引进先进的农业生产及加工技术，增大农业扶持力度，是吉尔吉斯斯坦农业发展的关键。进一步建设开发农业水利设施，尤其是建设一批投资小、建设周期短而见效快的小型水库、灌溉区和农村水利设施，开发利用各地丰富的水资源，同时大力推广覆膜种植和节水灌溉技术，将资源优势转变为生产优势。

近年来，吉尔吉斯斯坦还制定了2017—2026年国家灌溉发展规划，作为提升水资源利用效率的重要手段，努力保障本国粮食安全，消除贫困，实现农业人口转移。该规划拟投入资金588亿索姆，用于6.55万公顷新增灌溉土地的建设，涉及全国各个州市，受益人数预计达24万余人[1]。

三、农业投资环境

下面从国家商业环境、农业优势和潜力、风险分析、总体评价四方面展开，探讨吉尔吉斯斯坦的农业投资环境，从而深入了解投资方向和机会。

（一）国家商业环境分析

一国的投资吸引力与其投资环境息息相关，投资环境是一个复杂的动态系统，它不仅受自然条件的影响，也与观念形态、情报信息等因素相关。下面从投资环境、经济发达程度和营商环境三个方面对吉尔吉斯斯坦的农业投资环境进行分析。

1. 投资环境

吉尔吉斯斯坦经济自由度较高，市场准入较宽松，金融开放度高，银行业发展良好，贷款利率较高，非银行金融机构的发展相对落后。在世界经济论坛（WEF）发布的《2018年全球竞争力报告》中，对全球140个国家和地区进行了排序，其中吉尔吉斯斯坦在宏观经济稳定度指标上得分相对较高，排序64位，总排序为97位。与此同时，该国法制建设仍处于

---

[1] 资料来源：http://www.gov.kg/?p=89670&lang=ru

完善之中,执法不严、对外资的传统偏见、腐败现象等情况仍对吉尔吉斯斯坦投资环境有较大影响。

(1) 优惠政策的保障

吉尔吉斯斯坦针对外国投资行为和外国投资者的优惠政策为双方营造了良好的投资环境。优惠政策的主要内容如下:①外国投资者享受国民待遇。在自由经济区注册的外资企业可以享受税收优惠,一般外资企业不享受税收优惠。②对于投资性进口商品免征进口关税,如外资企业生产中使用的机器设备。③不得歧视外国投资者。外国投资者的合法权利受吉尔吉斯斯坦法律的保护,且在法律允许范围内,外国投资者可在境内进行独立自主的投资活动。④外国投资者投资所得具有自由支配权。在吉尔吉斯斯坦的外国投资者可自由支配一切合法所得,且数量不受限制。⑤外资企业拥有自主经营权。在法律允许的范围内,外资企业享有充分的自主经营权,其正常经营活动不受政府部门的干涉。⑥对于投资吉尔吉斯斯坦国家发展规划下的特定区域和政府鼓励投资的领域的外资企业,可根据相关规定享有相应的优惠。⑦外国投资者可以根据自身利益的需求,在投资法、税法和关系到国家安全、环境保护、公众健康等法规进行修改和补充生效10年内自由选择原有法规和修改后的法规。⑧外国投资者不受吉尔吉斯斯坦法律对自由货币在其境内外流通限制的制约,如果对外国投资者实行此限制,则必须以防止洗钱交易的法规作为依据。⑨外国人有权在境内购买不动产但仅拥有土地使用权,同时也只有注册的外国法人才可以按规定程序购买住宅,自然人除外。

除上述九大优惠政策之外,吉尔吉斯斯坦对外资企业实行国民待遇,无特殊行业鼓励政策。这一政策也是农业投资环境的有利条件,对增强投资吸引力大有裨益。

(2) 特殊经济区域的规定

为进一步规范对外资的优惠政策,提高对外资的吸引力,2014年1月,吉尔吉斯斯坦出台了新的《自由经济区法》,于1992年12月颁布实施的《自由经济区法》随之作废。这一法案旨在推进自由经济区制度的高效化与现代化,通过制订相关政策、加强部门间协作等措施来保障经济区的良好运营与发展,从而利用创造的便利条件来提高吉尔吉斯斯坦公民的工作积极性,深入推动区域的经济增长。该法案的出台是阿塔姆阿巴耶夫总统执政以来,除新版《矿产法》和《投资法》修订案外,在改善投资环境、规范法律法规方面的又一重大举措。

目前,吉尔吉斯斯坦境内的四大自由经济区分别是:位于比什凯克市的比什凯克自由经济区、位于纳伦州的纳伦自由经济区、位于伊塞克湖州的卡拉阔尔自由经济区和位于塔拉斯州玛依玛克自由经济区。其中,只有比什凯克自由经济区初步形成规模并在一定程度上促进了地方经济的发展。比什凯克自由经济区于1995年建立在比什凯克市近郊的玛纳斯国际机场附近，占地面积 500 公顷以上，被视为"境内关外"，设有单独的海关和注册管理机构，实行封闭式管理。目前，在该自由经济区正式注册且从事生产经营活动的企业共有 80 余家，这些企业主要来自中国、土耳其、印度、伊朗、沙特等 23 个国家和地区。其中，有十余家主要从事食品、建材和鞋类生产的中资企业。同时，该自由经济区 70% 的产品主要出口到哈萨克斯坦、俄罗斯、乌兹别克斯坦、土库曼斯坦及中国等周边国家。

在比什凯克自由经济区，外国投资者可享受诸多权利和优惠政策，主要包括：①在自由经济区，外国投资者可以从事任何不被吉尔吉斯斯坦法律所禁止的生产经营活动，包括零售贸易。②在自由经济区内，外资企业可以免缴进出口关税和其他税费。③在自由经济区注册的外资企业，享有货物输入经济区时免缴增值税、消费税以及其他税费的权利。④外资企业向境外出口商品时，须缴纳提供税收优惠服务费，费率为出口报关货值 1～2%，同时在自由经济区内生产的产品不受许可证和出口配额的限制。⑤新增价值超过进口价值 30% 以上的来料加工产品，比什凯克自由经济区则可被视为产品的原产地；新增值达到 15% 的家用电器产品或者经加工后商品性质发生变化的产品，吉尔吉斯斯坦即可被视为其原产地。⑥一切从自由经济区转口到第三国的货物免征税费，但是输送到吉尔吉斯斯坦境内其他地区则需按照规定征收税费。⑦在自由经济区注册的外资企业需遵守《吉尔吉斯斯坦劳动法》，并定期缴纳社会保险基金。

纳伦自由经济区、卡拉阔尔自由经济区和玛依玛克自由经济区这 3 个自由经济区都是以行政辖区为界设立的，但因法律体系的不健全和管理的不成熟，未能达到吸引外资和扩大出口的目标。吉尔吉斯斯坦政府已决定对其进行整顿和进一步的经济论证。根据吉尔吉斯斯坦加入欧亚经济联盟的法律文件，其国内 3 个自由经济区（比什凯克、纳伦和卡拉阔尔自由经济区）和 6 家企业（金龙公司、比什凯克可口可乐瓶公司、雪豹公司、阿维尼翁公司、丝绸之路公司和复兴公司）的保税仓库获得自第三国免关税进口加工用途商品的资质。此外，若使用上述进口商生产的产品在吉尔吉斯斯坦内附加值符合吉尔吉斯斯坦法律关于"充分加工"的标准要求（如机械设备或音像设备需高于 40%），则其原产地便可被视为吉尔吉斯斯坦，从而能够免关税和其它税费并自由出口到欧亚经济联盟的其它国家。

（3）高新技术园

2013 年，吉尔吉斯斯坦设立高新技术园区并对外招商，这不仅为信息技术人才的培养和 IT 公司的长远发展提供了开放的平台，更推动了信息技术企业的引进。在高新技术园区内注册的企业可享受优惠待遇，其企业所得税率和普通企业相比，从 10% 变更为 5%。在园区注册的企业的保险费占平均工资的 12%，但每季度需缴纳收入的 1% 作为园区服务费。此外，规定在该园区注册的企业或个人至少 90% 的营业收入要来自信息系统的分析设计和编程、信息技术和软件出口、建立和提供交互式信息服务等业务。

2. 经济发达程度

国民经济以多种所有制为基础的吉尔吉斯斯坦，其经济的发展主要以农牧业为主，工业基础相对薄弱，产品主要是原材料生产。独立初期的吉尔吉斯斯坦经济一度大幅下滑，这与其同原苏联各加盟共和国传统经济的联系中断有很大关联，实行激进改革加剧了其经济的颓势。在此背景下，吉尔吉斯斯坦通过采取调整经济方针并推行经济体制改革的战略才得以稳步渐进地向市场经济转轨，经济呈现低增长态势。2009 年，吉尔吉斯斯坦受国际金融危机和俄罗斯、哈萨克斯坦等国经济形势的影响，其经济增速减缓但未出现剧烈波动。2011 年以来，吉尔吉斯斯坦逐渐走出国际金融危机和政局动荡的阴霾，失业率逐渐下降，贸易额大幅上升，经济总量有所提升。2013 年，吉尔吉斯斯坦国民经济全面向好，涨幅达 10.5%。2014 年吉尔吉斯斯坦因俄罗斯遭遇西方制裁、俄罗斯卢布与哈萨克斯坦坚戈大幅贬值等外部因素影响，其经济增速放缓，全年仅增长 3.6%。

首先，经济保持稳定增长。据吉尔吉斯斯坦国家统计委员会统计资料，2016 年吉尔吉斯斯坦由于"库姆托尔金矿"为主的加工业、建筑业和服务业对整体经济的带动，国内生产总值为 4580 亿索姆（约合 65.51 亿美元），同比增长 3.8%；人均国民生产总值约为 68702 索姆（约合 1077 美元），同比增长 1.7%。其次，2016 年吉尔吉斯斯坦 GDP 中产业结构为农业占比 14.8%，工业占比 29.2%，服务业占比 55.9%。第三，截至 2016 年年底，吉尔吉斯斯坦的外债额 2767.88 亿索姆（约合 40.72 亿美元），占吉尔吉斯斯坦内生产总值的 56.3%，较 2015 年情况有所好转，但依然临近 60% 的红线。居于前四位的债权方依次为：① 中国贷款 21.1 亿美元；② 世界银行贷款 10.11 亿美元，援助 4.67 亿美元；③ 亚洲开发银行贷款 9.69 亿美元，援助 4.94 亿美元；④ 国际货币基金组织贷款 4.94 亿美元。吉尔吉斯斯坦外债规模受 IMF 限制，限制额度约为其 GDP 的 60%。第四，通货膨胀率逐渐降低。根据世界银行数据，按照 GDP 平减指数计算，2014—2015 年吉尔吉斯斯坦通货膨胀率分别为 8.4%、3.4%、2.5%。第五，截至 2017 年 1 月 1 日，吉尔吉斯斯坦全国的失业率为 2.2%，在就业部门登记的失业人口总数为 5.56 万。

总之，吉尔吉斯斯坦经济经历了一段剧烈波折的发展过程。虽然吉尔吉斯斯坦在发展经济的过程中存在一系列问题，经济发展的稳定性和前景依然令人担忧。但如今的吉尔吉斯斯坦的市场经济不断完善，对外贸易也取得了发展。

3. 营商环境

良好的营商环境是一个国家经济软实力的重要体现，其优劣直接关系着招商引资的多寡。2017 年 9 月，吉尔吉斯斯坦总理伊萨科夫称，营造良好的营商环境是本届新政府的主要工作之一，且将该问题列入中长期发展规划中。世界银行发布的《2019年营商环境报告》，吉尔吉斯斯坦排名第70位。吉尔吉斯斯坦的营商环境优劣可以从当地货币情况、外汇管理、银行机构、融资条件和信用卡使用情况来体现。

第一，吉尔吉斯斯坦货币索姆可自由兑换。索姆在1993年开始流通，用于取代苏联卢布。2016年美元兑换索姆的平均汇率为1:69。2014年1月1日至2015年1月1日，美元兑索姆汇率从1:49.2升至1:58.9，索姆贬值达19.7%，这主要是由于乌克兰危机、俄罗斯受制裁、哈萨克坚戈大幅贬值以及全球范围内的美元升值等外部因素的影响所致。目前，中吉双方尚未签署过货币互换协议，人民币与索姆不能直接结算，但可以在当地货币兑换点自由兑换。

第二，对外汇买卖无管制。《吉尔吉斯斯坦共和国外汇交易法》和吉尔吉斯斯坦政府与国际货币基金组织签署的有关协定是吉尔吉斯斯坦外汇管理的主要法律依据。吉尔吉斯斯坦的《外汇交易法》规定，本国货币索姆在国内实行完全可兑换，实行浮动汇率制度；凡在吉尔吉斯斯坦注册的商业银行可在该国境内和境外自由地买进或卖出外汇；中央银行会根据每日的银行间外汇市场交易情况发布当日的平均汇率，并以此作为确定商务交易价格和进行结算的依据；在商业银行、金融机构以及兑换点，任何个人、团体或机构都可不受额度限制地自由兑换索姆与美元且没有任何手续；吉尔吉斯斯坦的本国公民和外国人均可按照规定程序自由携带兑换货币出境和入境，也可将兑换货币自由汇出或汇入且金额不受限制。吉尔吉斯斯坦的《外汇交易法》还规定，外资企业和商人可通过银行将经营所得自由汇往国内或第三国或通过电子支付方式进行国际汇款，手续便捷。目前，中国的吉尔吉斯斯坦两国商业银行之间汇路通畅，许多驻吉的中资企业和商人已利用吉尔吉斯斯坦的高效便捷银行服务进行跨国汇款业务，大大提高支付速度，保障了人民的人身财产安全。

第三，银行机构较为完备。吉尔吉斯斯坦独立20余年来，金融业也有了长足的发展。NBKR是吉尔吉斯斯坦的中央银行，也叫"国家银行"，商业银行有20多家，非银行金融机构有近1000家。吉尔吉斯斯坦没有明确的政策性银行，但值得注意的是，银联体成员行——结算储蓄公司是完全国有的且具有很多政策性职能的商业银行。此外，吉尔吉斯斯坦在其首都比什凯克均设有国际金融机构世界银行（WB）、国际货币基金组织（IMF）、亚洲开发银行（ADB）、欧洲复兴开发银行（EBRD）等银行的代表处，但目前在吉尔吉斯斯坦无中资银行，但是部分商业银行可以发行银联卡，为两国交流合作提供安全便利的支付服务。

第四，融资条件不太乐观。吉尔吉斯斯坦银行业融资成本高，存贷款规模小。吉尔吉斯国家银行上宣布银行贷款利率水平为18.3%，截至2017年1月1日，银行贷款余额14.21

亿美元，比 2013 年同期增长 133.4%，占吉尔吉斯斯坦 GDP 的 20.4%。目前吉尔吉斯斯坦的银行尚不具备对中国企业的融资条件，这主要是受该国银行规模较小且贷款利率高等条件所限。同时，也因为人民币与索姆不能直接结算的现实，致使中国企业目前尚不具备使用人民币在吉尔吉斯斯坦开展跨境贸易和投资合作的条件。

综合来看，影响营商环境的因素众多，吉尔吉斯斯坦的营商环境还有优化空间。

（二）风险分析

农业是一个收益周期较长、前期投资较大、回报相对慢的产业，海外农业投资往往还因涉及土地问题而变得更为敏感。东道国其国家和社会本身的属性和特点导致了企业在进行海外投资时的各种不确定性，这些不确定性形成的投资中的各类风险大致可以概括为以下几点：政治风险、法律风险、社会文化风险、经济风险和自然环境风险等。

吉尔吉斯斯坦经济转型取得了一定的成就，采取了一系列措施向市场经济方向转变，基本完成了向私有制为基础，多种所有制经济共存的经济体制改革，但是整体发展还是存在一些问题。经济体制私有化进程中，加剧了社会两级分化和不公，国家对经济的掌控能力大幅削弱。从民众生活水平提高的角度看，经济增长和经济转型并没有使得民众的生活水平有明显提高，经济状况不稳定和资金短缺是制约吉尔吉斯斯坦发展的根本原因。吉尔吉斯斯坦将吸引外资作为经济转型的重要组成部分，特别是外国直接投资，用来弥补国内资金的不足，而且带来的管理经验和技术可以促进本国经济的发展。经济转型的成败反过来影响外资引进和投资环境，投资环境的好坏是吸引外资的重要条件。

吉尔吉斯斯坦和中国农产品贸易水平较低，农产品贸易受开放度、资源禀赋差异、经济发展水平等因素影响。开放程度对两国农产品贸易推动作用明显，与贸易量成正比。两国经济发展水平的相差过大，对提高两国贸易水平产生一定的障碍。吉尔吉斯斯坦正在大力发展市场经济，通过引进国外资本壮大本国农业生产和农产品加工体系，种植业和畜牧业得到较好发展，但是还未形成较大的竞争力，同中国相比还有很大的差距。两国资源禀赋的差异对农产品贸易产生正向影响，如资本、劳动力、技术等。另外，运输距离、农产品质量等因素也影响中吉两国的农产品贸易。

根据以上风险因素，对吉尔吉斯斯坦进行风险分析如下。

1. 政治风险

政治风险可按照其产生的原因归结为政局动荡、政府违约、战争和内乱等方面。东道国若发生政权更迭，新政权可能终止旧政权的跨境投资政策或项目。另外，若跨境投资方与东道国达成投资合约后，东道国一方解除或废止合约将必然造成投资者的损失。吉尔吉斯斯坦目前政局相对稳定，经济发展处于上升期，政府亦在努力改善投资环境。

与此同时，吉尔吉斯斯坦市场经济体制建立时间不长，正处于市场经济体制改革转型期，投资环境和政策还有待改善，还需提高市场化开放程度。政治风险主要体现在以下两个方面：一是存在大国干预的风险。吉尔吉斯斯坦地处重要的战略位置，是美俄等大国长期以来争夺的目标。吉尔吉斯斯坦建国以来的两次革命都与美俄等大国角斗有很大的关系，造成社会动荡，经济下滑，对外资企业经营影响非常大。由于政治局势存在不稳定性，中资企业进入吉尔吉斯斯坦市场存在一定的风险。二是国内存在的民族矛盾带来的风险。吉尔吉斯斯坦境内有80多个民族，其中72.8%的是吉尔吉斯族，14.5%的是乌兹别克族。在国家发展思路上，居住在不同地区的民族之间存在较大分歧。

在社会治安方面，吉尔吉斯斯坦整体情况不佳。当地居民可合法持有枪支。尽管2011年阿塔姆巴耶夫总统上任以来，政局总体趋稳，犯罪率有所下降，但要案和特大刑事案件仍然较多，尤其是针对中国在吉商人的敲诈和抢劫案件时有发生，需引起中国在吉尔吉斯斯坦企业的高度关注。

2. 法律风险

法律风险主要表现在税收优惠政策、土地政策、劳动法规、环境保护法规等方面。"一带一路"框架下的沿途国家和地区，法律体系和社会状况具有较多差异，且最近一段时间，一些沿途国家和地区矛盾升级，冲突不断，这给外国投资者业务发展带来较大的不确定性。目前，吉尔吉斯斯坦关于引进外资的法律体系还不健全，且该国法律可能受政治经济环境的影响发生变化，具有一定的法律风险。当出现纠纷时，缺少有力的法律依据保障外国投资者的合法权益。

3. 社会文化风险

社会文化风险是指因公共秩序混乱、民粹主义等社会不稳定因素或环境保护、劳工社区、文化冲突会对企业产生的不利影响的可能性。中国企业进行海外投资涉及投资企业与东道国企业之间的合作，而投资方的企业是否能与东道国的社会文化习俗和价值观相融合是二者合作成功与否的关键因素。国家的社会文化是长期形成的沉淀，中国企业在海外并购中，社会文化整合是其中最艰难的一步，大多数的海外并购案都会涉及社会文化风险。吉尔吉斯斯坦本国就业机会少、工资低，导致青壮年劳动力去俄罗斯、哈萨克斯坦等国打工的现象比较普遍，形成大量的劳动移民，从事农业生产的多是妇女和老人，这对农业投资合作的可持续性产生一定的不利影响。当地的工作机会多由来自乌兹别克斯坦的劳动者填补，易受两国关系影响，具有不稳定性。

4. 经济风险

2016年，吉尔吉斯斯坦服务业附加值为32.61亿美元，同比增长3.7%。居民平均月工资约为200美元，相对于物价水平，居民收入明显偏低，按2010年不变价计算，2016年人均居民最终消费支出900美元，其中基本生活消费占绝大部分，教育、医疗等可享受一定的国家福利，国内消费者价格指数同比上涨0.4%，比2010年上涨46.7%。中亚五国人口在7000万左右，其中贫困人口接近一半，整体的市场规模有限，且欧亚经济联盟对其成员国实行特殊优惠国待遇，近年来提倡增加联盟内商品进口，减少联盟外的商品进口，对中国与中亚地区进行农业贸易和投资合作形成一定的阻碍。

四、中吉农业合作现状与合作重点

（一）农业合作现状

1. 科技合作

吉尔吉斯斯坦农业生产与中国新疆等西部省份有很多相似性，在节水灌溉、优良品种繁育、农产品深加工、土壤改良等科技领域具有较大的合作空间，通过人员培训交流、建设农业技术示范园区、共建联合研究中心等方式，为吉尔吉斯斯坦提供满足其实际需求的农业科技。

2003年，吉尔吉斯斯坦奥什市与中国农业科学院棉花研究所进行技术合作，引进中国棉花种植技术，经过多年的发展，取得了丰富的成果，棉花平均产量从每公顷3吨增长到5吨。中国农业科学院棉花研究所根据当地土壤肥力、气候等自然条件，筛选出适宜种植的品种；通过引入地膜除草，降低劳动力和除草剂的使用；通过土壤成分的分析，提高施肥的有效性；引入高效的播种机，提高种子的播种和使用效率；通过中国农艺师的示范指导，开办宣讲会，中国棉花种植技术在当地迅速传播开来。2013年，吉尔吉斯斯坦最大的棉花生产企业和中国农业科学院棉花所合作，在奥什卡拉苏棉区推广中国的先进棉花生产技术，使得吉尔吉斯斯坦使用中国生产技术种植的棉花面积达到1万公顷。

2. 贸易合作

吉尔吉斯斯坦与中国的贸易合作较少，主要是普通的农产品贸易往来。近年来，两国双边贸易在中国对外贸易中所占的比重较低，且中国一直处于顺差的优势地位。但是两国农产品贸易规模不断扩大，呈现逐年上升的趋势。2016年两国农产品进出口贸易额为1.14亿美元，比2006年增长了32.9%。其中中国农产品进口额为1368.5万美元，比2006年减少了47.8%，农产品出口额为1.01亿美元，比2006年增长了68.2%。两国农产品贸易额呈现上涨趋势，但是整体规模还不大。

中国出口到吉尔吉斯斯坦的农产品主要有四大类：活动物、动物产品；植物产品；动植物油、脂、蜡、精致食用油脂；食品、饮料、酒及醋、烟草及制品。

总体来看，吉尔吉斯斯坦与中国农产品贸易水平不高，农产品进出口结构比较单一，产品集中度高，主要集中在水果、坚果、烟草等，以初级产品为主，深加工产品所占比重较低。两国主要以要素禀赋为主参与农产品生产的分工，即以比较优势为基础的产业间贸易，双方的比较优势还有待转变为竞争优势。

吉尔吉斯斯坦与中国农产品贸易受开放度、资源禀赋差异、经济发展水平等因素影响。开放程度对两国农产品贸易推动作用明显，与贸易量成正比。两国经济发展水平的相差过大，对贸易水平的发展产生一定的阻碍。吉尔吉斯斯坦农业发展整体水平同中国相比还有很大的差距。两国资源禀赋的差异对农产品贸易产生正向影响，如资本、劳动力、技术等。另外，运输距离、农产品质量等因素也影响中吉两国的农产品贸易。

3. 投资合作

20世纪90年代初，中吉两国开始投资合作，合作范围涉及农业生产、农产品及食品加工、工程建筑承包、通讯服务业、矿产勘探开发、贸易等行业。据中国商务部统计，截至2014年年末，中国对吉尔吉斯斯坦直接投资额为9.84亿美元，中国企业在吉尔吉斯斯坦投资主要集中在交通、工程承包、通讯领域等，大型工程承包项目包括特变电工股份有限公司承建比什凯克热电站改造项目，华为技术有限公司承建吉尔吉斯电信等。

随着"一带一路"倡议的提出和推进，中国对沿线国家的投资开始提高，目前中吉两国农业投资合作总体规模较小，仍处于起步阶段。截至2015年年底，中国在上海合作组织成员国投资成立的农业企业达114家，其中位于吉尔吉斯斯坦的7家，主要是畜产品生产和加工企业。总计对吉尔吉斯斯坦投资流量988.8万美元，存量4323.8万美元。其中投资的畜产品产量4464.5吨。吉尔吉斯斯坦政府欢迎国外投资者前来投资农业，并为此制订了相应的鼓励投资的法律和政策，如《吉尔吉斯斯坦投资法》等。同时，吉尔吉斯斯坦政府出台了简化外国企业注册和投资的特殊规定，吸引国外投资者前来投资和创办企业。根据吉尔吉斯斯坦农业自然禀赋和市场需求，中国企业投资当地种植业、畜牧业和食品加工业具有十分广阔的前景，双方在农业投资合作上存在着巨大的互利共赢空间。

目前，中国企业开始将目光转向位于中亚的吉尔吉斯斯坦，投资当地农业。吉尔吉斯斯坦"亚洲之星"农业产业合作区由河南贵友实业集团有限公司投资建设，位于楚河州秋伊区伊斯克拉镇，占地5.67平方千米，具有基础设施完善、产业链条完整和运营理念先进的特点，是中国与"一带一路"沿途国家农业合作的典范。"亚洲之星"农业产业合作区于2016

年 8 月被中国商务部和财政部认定为国家级境外经济贸易合作区。该园区被吉尔吉斯斯坦认定为第一家规模化养殖加工企业。该合作区业务主要有：农业种植、畜牧养殖、屠宰加工、食品加工等，其中禽蛋制品是目前的核心业务，在位于比什凯克的大型农产品批发市场中，"亚洲之星"合作区生产的禽肉产品达到市场份额的一半。截至 2016 年 10 月，已有 8 家中国企业入住该合作区，完成一期项目建设，一期项目投资总额约 1.2 亿美元。"亚洲之星"农业产业合作区的建设，带动了中吉农业合作的发展。2017 年 6 月 21 日，吉尔吉斯斯坦国家化肥厂项目在北京成功签约，项目总投资约 2.28 亿美元，项目投资和运营单位是河北百斗嘉肥业有限公司，建成后河北百斗嘉肥业有限公司拥有 30 年运营权。项目建设完成后不仅可以使吉尔吉斯斯坦实现农业用肥自给自足，还有助于吉尔吉斯斯坦成为中亚地区肥料生产及出口国。

（二）合作潜力

1. 合作基础

中国和吉尔吉斯斯坦两国的农业合作应在上海合作组织的框架下和 WTO 平台中进一步加强交流，以边疆省份合作为着力点，不断调整和优化参与双边贸易的农业商品结构与农产品生产结构。与此同时，进一步深入开展农业生产、农产品加工、农机制造、农业科技等领域的合作，支持企业向农业深加工方向转变，推进资源密集型和劳动密集型企业向资本密集型和技术密集型行业发展。

近年来，吉尔吉斯斯坦与中国政治关系密切，有利推动了两国贸易和投资的发展。吉尔吉斯斯坦贸易、投资条件较为便利，可作为农业生产、加工和农产品分拨转运基地，产品可以辐射中亚、独联体国家及欧盟等地区。吉尔吉斯斯坦在土地密集型农产品和活动物产品上具有比较优势，中国在劳动密集型、资本密集型、技术密集型农产品上具有绝对优势，两国的农产品贸易互补性较强，且吉尔吉斯斯坦与中国接壤，可降低运输成本，有利于贸易互动的便利。

2. 合作前景

吉尔吉斯斯坦是中亚地区唯一获得欧盟最惠国待遇的国家，在吉尔吉斯斯坦生产的 6000 余种商品可免税进入欧盟国家，这对没有获得此待遇国家的投资者来说是一个非常大的优势，在吉尔吉斯斯坦生产的商品将在欧盟市场具有很强的竞争力。

吉尔吉斯斯坦经济以农牧业为主，工业基础薄弱，吉尔吉斯斯坦将经济发展的重点向吸引外国投资、改善国内经济环境、发展农业方向转变，将发展旅游业和扶持中小区也列为今后经济工作的重点方向。

吉尔吉斯斯坦通过成立农业发展基金，向农业从业者提供小额贷款，用于购买农业机械、良种等农资，且计划实现粮食自给自足，保障国家的粮食安全；通过加强与欧盟、中国的农业技术合作，引进推广新型农业技术，建立大型育种基地，扩大实际耕地面积至126万公顷，提高单产和总产量；引进国外援助农机6400台，提高农业机械化水平。

深化农业科技合作，带动农业投资合作。通过科技示范农场建设、农业基础设施建设、农产品加工体系建设与农业科教培训项目等方式，推动中国农业企业"走出去"。

提高贸易水平，减少贸易壁垒。农业的可持续发展需要具有全球化的视角，在立足中国农业资源既有优势的基础上，与吉尔吉斯斯坦在农业领域开展深度合作，双方充分利用彼此资源，从而实现双方共同发展。一方面，提高吉尔吉斯斯坦的经济发展水平，另一方面，促进中国对外贸易市场的多样化。

近年来，吉尔吉斯斯坦加大对农产品加工和出口的支持力度。2017年2月，在以往计划贷款资金大多流向畜牧业，存在结构失衡问题的基础上，吉尔吉斯斯坦批准发布了《第5号农业补贴计划》，调整丰富了优惠贷款的资金流向，特别是向种植业和农产品加工出口业倾斜，以促进相关产业和领域的快速发展。自从吉尔吉斯斯坦加入欧亚经济联盟以来，随着经济一体化进程的不断推进，吉国政府多次强调要扩大农产品出口规模，支持外向型农业企业的发展。

（三）合作重点

中吉两国农业合作的重点主要是贸易合作、投资合作和技术合作三大领域，未来两国合作的重点项目主要包括科技示范农场、农业基础设施建设、农产品加工体系建设和农业科教培训项目。

1. 重点领域

中国和吉尔吉斯斯坦在农产品的进出口关系中呈现互补状态。其中，中国在劳动密集型农产品上具有比较优势，比如在蔬菜制品和食品饮料以及酒醋、烟草产品上的较强竞争优势使其在吉尔吉斯斯坦很有市场。吉尔吉斯斯坦从中国进口的农产品主要有植物产品、活动物、动物产品和食品、饮料等。另外，吉尔吉斯斯坦也在植物产品上具有较强的竞争优势，如棉花。吉尔吉斯斯坦畜牧业较为发达，许多畜产品表现出较强的比较优势，例如活动物产品等。

贸易合作方面。中国与中亚国家的农产品贸易特点是规模小且多以边境的小额贸易为主。中国在中亚的出口国主要是哈萨克斯坦和吉尔吉斯斯坦，按照种类分，中国出口的农产品主要是药材、水果、畜产品、粮食及其制品等。中国从中亚地区进口的主要产品是棉麻丝、畜产品等，主要来自吉尔吉斯斯坦和乌兹别克斯坦两国。在"一带一路"的背景下，中国可积极利用与别国农产品贸易的便利条件，通过建设农产品快速通关口岸和出口农产品生产基地，优化中吉两国农产品贸易的环境，强化农产品贸易通关合作，充分挖掘两国农产品贸易潜力，促进两国农产品贸易长足发展。

投资合作方面。目前，中国在吉尔吉斯斯坦的农业投资仍处于起步阶段，总体规模较小，随着"一带一路"倡议，中国在吉尔吉斯斯坦的农业投资翻开了新的篇章。中国与吉尔吉斯斯坦的投资合作可在现有投资的基础上，拓展农业投资领域，在农产品生产加工和农机制造等领域开展合作，推进吉尔吉斯斯坦农业发展向技术密集型和资本密集型转变，通过建设农业产业合作园区，充分发挥中国农业的技术、资本优势，带动吉尔吉斯斯坦地区农业的发展，提升两国农业投资合作的水平。

技术合作方面。中国新疆维吾尔自治区等西部省份与吉尔吉斯斯坦在农业生产中存在许多相似性，如良种繁育、小型农机、农产品加工、土壤改良、节水灌溉等。因此，中国长期以来在农业领域较为成熟的实用技术适合特别适宜推广到中亚国家，吉尔吉斯斯坦可与中国开展技术合作，提高在农业生产中的技术水平。在"一带一路"倡议的引领下，中国与吉尔吉斯斯坦可共建联合实验室并在吉尔吉斯斯坦建设示范园区，同时，通过对农民与相关人员进行培训等具体形式推进农业技术合作，提升吉尔吉斯斯坦的农业科技与装备水平，为中国与吉尔吉斯斯坦的深入合作奠定基础。

2. 重点项目

当前，中国在吉尔吉斯斯坦投资的约有260家企业，涉及多个领域。基于双方良好的合作基础，未来中吉农业合作重点项目将包括以下方面。

科技示范农场。在吉尔吉斯斯坦建立科技示范农场，可以借助上海合作组织等机构对其农业的援助项目，并将科技示范农场定位为公益事业性质。农场的经营管理遵循"吉方为主，中方为辅，双方共管"的原则，中国只履行专家职责，负责指导、培训和咨询工作，主要包括：在农场示范展示中国农业的先进技术；推动农场逐步成为农业技术示范推广中心和良种繁育中心；采取先进的经营模式如农业一体化，辐射带动周边农牧民的农业生产水平。

农业基础设施建设。当前，吉尔吉斯斯坦在农业生产中面临农业机械化程度低、土壤肥力低和植保意识淡薄等问题。只有引进先进农机具、实施土壤改良工程、推广使用植保技术，才能从根本上提高农作物的生产效率和单产水平。农业用水匮乏也是吉尔吉斯斯坦面临的重大问题，只有引进先进的节水灌溉技术并建设发展水利灌溉的基础设施才能真正推进吉尔吉斯斯坦的农业现代化建设。

农产品加工体系建设。吉尔吉斯斯坦在林果、畜牧产品方面具有极强的出口优势，但是在加工、运输、保鲜、储藏等多个关键环节的技术水平发展滞后。吉尔吉斯斯坦可通过与中国实力强、影响力大的国有、民营大中型农场或农产品加工龙头企业开展合作、投资办厂并健全社会化配套体系，真正发挥当地的资源优势。有组织、有计划地开发当地农业资源，重点发展其特有的林果和畜牧产品，如樱桃、巴旦木、开心果、羊等产品。通过对农畜的规模化种养和产品深加工，形成高品质的新产品，将吉尔吉斯斯坦的初级农业生产发展为产业化经营，提高国内外市场的占有率。

农业科教培新项目。在农业生产中，吉尔吉斯斯坦的生产力水平低，主要表现在畜禽防疫、节水灌溉、选育优质高产作物品种等技术的落后和农机具设备的陈旧以及管理粗放等方面。加之紧张的财政环境严重制约吉尔吉斯斯坦的农业先进技术培训和推广工作的正常开展。同时，吉尔吉斯斯坦和中国在农业的生产技术上、经营管理模式上和发展机制上等诸多方面都存在很大的交流与合作空间，所以对吉尔吉斯斯坦而言，与中国开展农业科研、教育、培训、推广等方面的经济技术合作将是很好的选择。通过项目援助平台，将中国较为先进的农业生产技术和经营管理中的经验及方法在吉尔吉斯斯坦集中进行展示示范；也可以增加从吉尔吉斯斯坦到中国学习和培训的农业技术人员及农业大户的数量，同时也增加中国农业专家和农业技术人员以及农业大户到吉尔吉斯斯坦开展培训和指导工作的人数。通过以上科教培训项目，加强两国间的农业领域内的交流合作，提高吉尔吉斯斯坦农业整体的发展水平，推进中国农业的进步。

（四）合作思路

当前，吉尔吉斯斯坦正处于大力发展种植业和养殖业阶段，其经济呈现多年持续连续增长的状态。但对于正处于全面恢复时期的吉尔吉斯斯坦而言，单纯依靠引进别国的农业科学技术、资本和培育自身农产品生产加工体系来形成竞争力并满足市场需求是需要相当长的时间的，与中国的发展水平相比还存在很大差距。基于此，中国可利用自身的生产水平与技术优势，通过制定各项优惠政策增加对吉尔吉斯斯坦农业的投资与技术支持力度。

与吉尔吉斯斯坦开展农业合作，中国的新疆维吾尔自治区相比其他省份，具有明显优势。除地缘优势之外，新疆还具有口岸优势。当前，新疆是中国口岸最多的省份之一，其中，一类口岸拥有17个，二类口岸12个。一方面，中国具有完整的工业体系，食品加工业较为发达，中国可充分利用这一大优势，积极发展面向中亚的食品加工业。当前，食品饮料、酒、醋和植物类产品以及烟草及烟草替代品等产品是吉尔吉斯斯坦从中国进口的主要产品。中国应健全相关政策体系，积极创造条件抓住这一有利时机，推进两国农产品贸易的发展。另一方面，土地密集型的农产品和部分动物产品是吉尔吉斯斯坦的优势产品，中国可积极创造条件进口吉尔吉斯斯坦的优势产品，在满足国内需求的同时提高资源性农产品的保障程度。此外，吉尔吉斯斯坦的部分植物产品和部分动物产品与中国的产品产生竞争。因此，中国在发展与吉尔吉斯斯坦的农产品贸易时，要注重提高农产品本身的品质和与其它产品的差异性，从而保障市场占有率。

五、中吉农业合作建议

通过对吉尔吉斯斯坦的农业发展现状和农业投资环境及其与中国农业发展的合作前景进行分析，可以看出中吉两国在农业领域有很大合作潜力。吉尔吉斯斯坦与中国在农业领域合作的意愿较为强烈。在已有合作的基础上，两国应强化在农产品贸易、农业科技等领域的合作，提高两国进出口多元化的能力。结合吉尔吉斯斯坦和中国农产品贸易现状，通过调整双边贸易的商品结构，确保双方的互补性和比较优势发挥到最高水平，实现互利共赢，不断升级两国贸易合作、投资合作。

整体而言，中吉两国相关部门间的合作、深化中吉农业领域合作并努力提升中国农产品竞争力的合作建议如下。

（一）加强中吉相关部门间的合作

首先，签订中吉两国的农业合作协定，建立和完善政府层面的合作机制。通过签订中吉两国的《农业合作、贸易与投资框架协议》，建立高层关于农产品贸易的对话机制，从而加大对吉尔吉斯斯坦的农业直接投资，降低农产品的跨境交易成本，规范两国农产品的贸易环境。其次，便利中吉两国农产品贸易的投资环境。加强两国在过境运输和卫生检验检疫等方面的合作，给予对方在海关事务和劳务许可等方面的政策支持，从而简化通关手续，减少检验时间，提高查验效率，协商建立起农产品进口绿色通道。最后，加强中吉两国的口岸设施建设，如伊尔克什坦和吐尔尕特等，增强双方口岸查验机构的协作，提高通关效率，改善口岸通关环境。

（二）深化中吉农业领域合作

当前，吉尔吉斯斯坦在农业的发展上具有良好基础，但限于其技术和工艺落后、生产设备陈旧等现状，吉尔吉斯斯坦的农产品相对缺乏竞争力，其自身的绝对优势和潜力无法转化为现实生产力。基于此，中国可与吉尔吉斯斯坦在农业产业中开展项目合作，实现优势互补。中国应充分利用自身在技术、资金和人才等方面相对优势，积极促进吉尔吉斯斯坦在种植业和养殖业的大力发展，开办适应当地市场需求乃至国际市场需求农产品加工企业。通过合作，可带动中国国内农业生产原料和农机产品的大量出口，扩大市场占有率。

（三）提升中国农产品竞争力

产品竞争力的高低是决定一个国家出口量大小的直接因素，若是农产品的出口竞争力偏低就会对出口产生负面的影响。中国只有提高农产品的竞争力，才能稳定并扩大对农产品的出口。中国农产品出口竞争力的提高，必须通过有计划、有步骤地推进传统农业向外向型农业发展来实现。通过开拓中吉农产品的贸易市场形成两国的市场合力和规模优势，在有序竞争中合理开发。

一是加强农产品质量监管，强化农产品质量标准。为确保中国的出口农产品完全符合进口国的质量安全检测标准，各级政府和部门之间应相互配合、分段管理、明确分工、协调一致，政府与企业之间、农产品的生产加工和销售各环节之间应及时沟通和共享信息。同时，必须严格把控农产品在生产环节和销售环节中化学投入品的使用，最大程度地降低化学物质的残留、杜绝有毒物质的进入，实施农药专营专供，完善出口农产品的质量安全监管机制，有效监管农业的标准化、优质化和绿色发展。

二是加快出口农产品基地建设。推进以企业为龙头、以基地为依托、以标准化为核心、以品牌为引领、以市场为导向的"五位一体"的原料基地和产业示范区建设。

三是推进农产品加工企业的规模化、集约化和标准化。一方面，鼓励农业龙头企业建立农产品出口的基地；另一方面，兼并并重组种植规模小的或种养不规范的农业小企业。通过鼓励大企业、整合小企业、大企业带动小企业，建立起符合农产品出口质量要求的产加销一体化园区。

四是充分发挥新疆地缘优势。新疆与中亚相邻的地理位置形成其在与中亚农业贸易中的得天独厚优势，应充分利用这一地缘优势，将新疆建设为中国与中亚农产品贸易的窗口。可以通过大力扶持新疆农业企业，提升新疆农产品的竞争力，加强宣传推广力度，打造新疆品牌产品，形成新疆优质农产品产区。同时，加快在新疆建立农产品出口加工基地，产业化、规模化生产出口农产品。可以探索企业与企业、企业与农户之间的合作模式，建立起出口农产品原料的长效供给机制。如在新疆伊犁州的塔城地区重点发展反季节菜果保鲜和畜产品加工业；在喀什和阿克苏地区重点发展鲜果生产、保鲜加工业。通过把握生产、加工和流通方面的每一个环节，保障新疆农产品的质量安全，大大提升新疆农产品的出口竞争力。

参考文献

丁峰，马雪琴，蒲胜海，等.2012.吉尔吉斯斯坦农业应对气候变化的发展研究［J］.新疆农业科学，49（12）：2331-2337.

拉·乌·尤苏波夫，刘庚岑.2003.吉尔吉斯斯坦的农业和土地改革［J］.俄罗斯中亚东欧市场，（12）：15-18.

李志芳，田佳妮，徐明，等.2015.吉尔吉斯斯坦农业发展概况［J］.世界农业，（4）：124-128.

苏武峥，李琼诗，张恒，等.2015.农业对吉尔吉斯斯坦国民经济发展的影响分析［J］.世界农业，（3）：119-122.

吴奇峰，战勇，王吉亮，等.2015.吉尔吉斯斯坦农业考察报告［J］.新疆农垦科技，38（7）：77-80.

吴湘琳，马雪琴，王新勇，等.2013.新疆与吉尔吉斯斯坦农业对比分析［J］.新疆农业科学，50（2）：365-371.

驻吉尔吉斯使馆经商处.2002-01-09.吉尔吉斯农业合作机会众多［N］.国际商报.

塔吉克斯坦

塔吉克斯坦位于中亚东南部，以"高山之国"闻名世界。境内90%的土地为山地，主要从事农牧业。农业作为塔吉克斯坦的第二大物质生产部门，在国民经济中占有重要的地位，农业总产值占国内生产总值的1/3以上。塔吉克斯坦农业以种植业和畜牧业为主，种植业占农业总产值的70%，以棉花为主，仅次于乌兹别克斯坦和土库曼斯坦，单产较高，尤以出产优质细纤维棉花闻名于世。塔吉克斯坦政局稳定，市场开放，具备较为完善的经贸法律体系，经济增长近年来总体平稳。2016年塔吉克斯坦在落实能源、交通和粮食安全三大发展战略的同时，致力吸引国外直接投资，争取实现基本商品的进口替代，解决劳动力就业问题，取得一定成效。塔吉克斯坦是中国的友好邻邦，中塔于1992年建交。近年来两国高层互访频繁，政治互信不断加强，两国领导人间建立起深厚的友谊。目前中塔政治经贸关系处于历史最好时期，中国对塔吉克斯坦经贸合作快速发展。

一、国家基本概况

（一）地理区划

塔吉克斯坦共和国（简称塔吉克斯坦）位于阿富汗斯坦、乌兹别克斯坦、吉尔吉斯斯坦和中国之间，是中亚五国中唯一主体民族非突厥族系的国家，也是中亚五国中国土面积最小的国家。塔吉克斯坦是位于中亚东南部的内陆国家（北纬36°40′至41°05′，东经67°31′至75°14′），国土面积14.31万平方千米。其东部、东南部与中国新疆接壤（边境线430千米，首都杜尚别至中国边境口岸距离1009千米），南部与阿富汗交界（边境线1030千米，首都杜尚别至阿富汗边境距离185千米），西部与乌兹别克斯坦毗邻（边境线910千米，首都杜尚别距离西部乌兹别克斯坦口岸70千米），北部与吉尔吉斯斯坦相连（边境线630千米，首都杜尚别距离边境城市卡拉梅克368千米）。

全国分为3州1区1直辖市：索格特州（原列列宁纳巴德州）、哈特隆州、戈尔诺—巴达赫尚自治州、中央直属区和杜尚别市。首都杜尚别，位于北纬38°38′、东经68°51′，坐落在瓦尔佐布河及卡菲尔尼甘河之间的吉萨尔盆地，海拔750~930米，面积125平方千米。夏季最高气温可达40℃，冬季最低气温-20℃。塔吉克斯坦居民主要是塔吉克族人，其他民族有塔塔尔人、俄罗斯人、乌克兰人等。

（二）人口构成

截至2017年1月1日，塔吉克斯坦全国总人口约876.9万人，人口较为密集的城市主要包括杜尚别、胡占德、库利亚布、库尔干秋别、霍罗格等。在塔华人总数约1万人，主要集中在杜尚别、胡占德、哈特隆州等地区。塔吉克斯坦是一个多民族国家，有86个民族，其中塔吉克族是塔吉克斯坦的主体民族，约占总人口的80%，此外较大的民族有乌兹别克族，还有俄罗斯族等。塔吉克语为国语，属印欧语系伊朗语族。俄语为族际交流的语言，英语不普及。塔吉克斯坦有四种主要宗教，伊斯兰教、基督教、犹太教和巴哈伊教，派别比较复杂。居民中90%都是穆斯林。从人口结构看，农村人口从1991年的368万人增加到了2015年的630万人，城市人口从1991年的169万人增加到2015年的231万人。在农业中劳动力比重有所下降，由2009年的67%下降到2015年的46%。

（三）政治制度

塔吉克斯坦独立后，各种政治、宗教、地方势力斗争激烈。2000年2月27日和3月23日，塔吉克斯坦分别举行了首次议会下院和上院选举。2000年4月，塔吉克斯坦民族和解进程结束。2006年11月6日，塔吉克斯坦在国际社会监督下举行总统选举，拉赫蒙以79.3%的得票率再次胜出，并于当月18日宣誓就职。2013年11月6日，拉赫蒙第三次当选连任，并于当月16日宣誓就职。2015年12月，塔吉克斯坦议会通过民族领袖法，确认拉赫总统民族领袖地位。

（四）经济和社会发展

塔吉克斯坦1991年宣布独立，苏联解体后加入独联体。塔吉克斯坦同时还是集体安全条约组织、欧洲安全合作组织、北约"和平伙伴关系"计划、伊斯兰合作组织、上海合作组织成员国，2013年加入WTO。目前，塔吉克斯坦经济体制正在经历向市场经济体制的转轨。近年来塔吉克斯坦经济保持平稳的发展态势，连续多年的通货紧缩局面得到改善，人均收入开始有所增加，各项经济指标均有所回升；但另一方面因本国经济规模相对较小，其发展对国际社会依赖甚重，塔吉克斯坦经济全面恢复增长任重而道远。

受俄罗斯经济下滑和塔吉克斯坦主要出口商品国际市场价格疲软、外劳侨汇收入大幅减少等因素影响，塔吉克斯坦经济形势总体严峻，经济下行趋势明显，消费和外贸形势均不容乐观，国家财政资金十分紧张，外汇储备不断减少，外汇市场持续震荡，国内消费需求明显减弱。2016年，塔吉克斯坦国内生产总值为544.71亿索莫尼，同比增长6.9%，其中工业生产总值同比增长16%，农业生产总值同比增长5.2%，外贸额39.3亿美元，下降9.2%（表1）。2016年，塔吉克斯坦固定资产投资总额14.13亿美元，同比增长20.3%（按本币计算）。

表1 2012—2016年塔吉克斯坦宏观经济状况

年 份	GDP（亿索莫尼）	折合美元（亿美元）	同比增长（%，按索莫尼计算）	人均GDP（美元）
2012	361.61	75.93	7.5	951.0
2013	467.41	85.06	7.4	1049.0
2014	456.05	92.40	6.7	1100.0
2015	484.04	78.52	6	939.91
2016	544.71	69.52	6.9	788

资料来源：塔吉克斯坦统计署

据塔吉克斯坦统计署统计资料，2016年国内生产总值中，工业占15.1%，农业占20.7%，服务业占41.7%（表2）。根据产业结构划分，第一产业占20.7%，第二产业占26.3%，第三产业占53%。2016年塔吉克斯坦投资占GDP的比重为20.32%，消费占GDP的比重为30.4%，出口占GDP的比重为12.9%。

表2 2012—2016年塔吉克斯坦GDP构成　　　　　　　　　　　　　　（单位：%）

年 份	工 业	农 业	服务业	建筑业	其他经营类别	税 收
2012	14.4	23.3	41.7	8.4	0.6	11.6
2013	13.0	21.1	43.0	10.2	0.0	12.7
2014	12.0	23.5	40.8	10.0	0.0	13.7
2015	12.8	21.9	41.2	11.8	0.0	12.3
2016	15.1	20.7	41.7	11.2	0.0	11.3

资料来源：塔吉克斯坦统计署

二、农业发展现状

（一）农业资源条件

1. 土地资源

塔吉克斯坦共和国是位于中亚东南部的内陆高山国家。其东部是帕米尔高原，与我国新疆接壤，南部与阿富汗交界。西部与乌兹别克斯坦毗邻，北部与吉尔吉斯斯坦相连，地处欧亚接合部，战略位置十分重要。据FAO统计数据，塔吉克斯坦国土面积1426万公顷，农业用地比较紧缺，农用地面积为488万公顷（其中耕地为86万公顷），森林411万公顷，灌溉用地74万公顷。

2. 水资源

塔吉克斯坦水利资源丰富，占整个中亚的一半左右，位居世界第八位，人均拥有量居世界第一位，但开发量不足实际的10%。其水源主要来自冰川。主要有三大水系，分别属阿姆河流域、泽拉夫尚河流域和锡尔河流域。长度500千米以上的河流有4条，长度在100～500千米的河流有15条。主要有阿姆喷赤河（921千米）、泽拉夫尚河（877千米）、瓦赫什河（524千米）、锡尔河（110千米）。国内湖泊较多，最大的湖泊为凯拉库姆湖（即喀拉湖，素有"塔吉克海"之称），最高的的湖泊为恰普达拉湖（海拔4529米），也是独联体海拔最高的湖。流域可再生地表水资源量占总水资源量的6.2%，冰川形成的水资源量占总水资源量的85.9%，湖泊中的水资源量占总水资源量的4.5%，水库占总水资源量的1.6%，地下水占水资源的1.9%。塔吉克斯坦是中亚重要的水源形成区，冰雪行成的资源占水资源比重最大。

3. 气候资源

塔吉克斯坦气候属典型的大陆性气候，南北温差较大，且垂直变化很大，山谷低地海拔500～1500米为亚热带气候，海拔1500～3000米的半山区为温带气候，3000米以上的高山地区为寒带气候。南部河谷为亚热带气候，日照充足，年均日照时间达2500～3000小时，年降水量150～700毫米。西南部的低山地及一些地势较高的谷地，年降雨量为350～700毫米。中部山区和西帕米尔山地为温带气候，夏季温和、冬季寒冷，秋冬春季多雨雪。高山区为寒带气候。北部地区7月平均气温0℃以下，夏季极其短暂、冬季漫长，冰雪覆盖，穆尔加布地区最低气温达-63℃。

（二）农业生产情况

1. 农业产值规模及构成

塔吉克斯坦农业在国民经济中占有重要地位，农业产值占国内生产总值的27.4%左右。2016年，塔吉克斯坦农牧业总产值222.34亿索莫尼（约合28.38亿美元），比上年增长5.2%，其中种植业产值150.66亿索莫尼，同比增长5.19%；畜牧业产值71.67亿索莫尼，同比增长5.5%。

塔吉克斯坦农业以种植业和畜牧业为主，种植业占农业总产值的70%，以棉花为主，仅次于乌兹别克斯坦和土库曼斯坦，单产较高，尤以出产优质细纤维棉花闻名于世。在86万公顷的耕地中，棉花种植占可耕地的40%，现籽棉产量约200千克/亩，饲料作物占30%以上，粮食作物只占23%。果园业、养蚕业和葡萄种植业也较为重要。还生产少量水稻、玉米、小麦、大麦、马铃薯，种植柠檬、甜柿、红石榴、葡萄、杏、樱桃等水果及蔬菜。畜牧业以放牧为主，主要饲养羊、牛、马。南部哈特隆州以种植水稻、棉花、养畜为主，农业产值占生产总值一半以上，水稻产量占总生产量一半以上。粮食不能自给，发展农业、保障粮食安全是国家重要战略之一。进口农产品主要为小麦、面粉等,出口主要为棉花、水果、蔬菜等。

2. 主要农产品产量

(1) 种植业

在塔吉尔斯坦农业中,种植业占有重要地位,粮食作物主要有小麦、黑麦、水稻、大麦、燕麦和玉米(图1)。2016年谷物产量136.36万吨。其中小麦产量91.71万吨,玉米产量20.81万吨,大麦产量14.20万吨,大米产量9.65万吨。

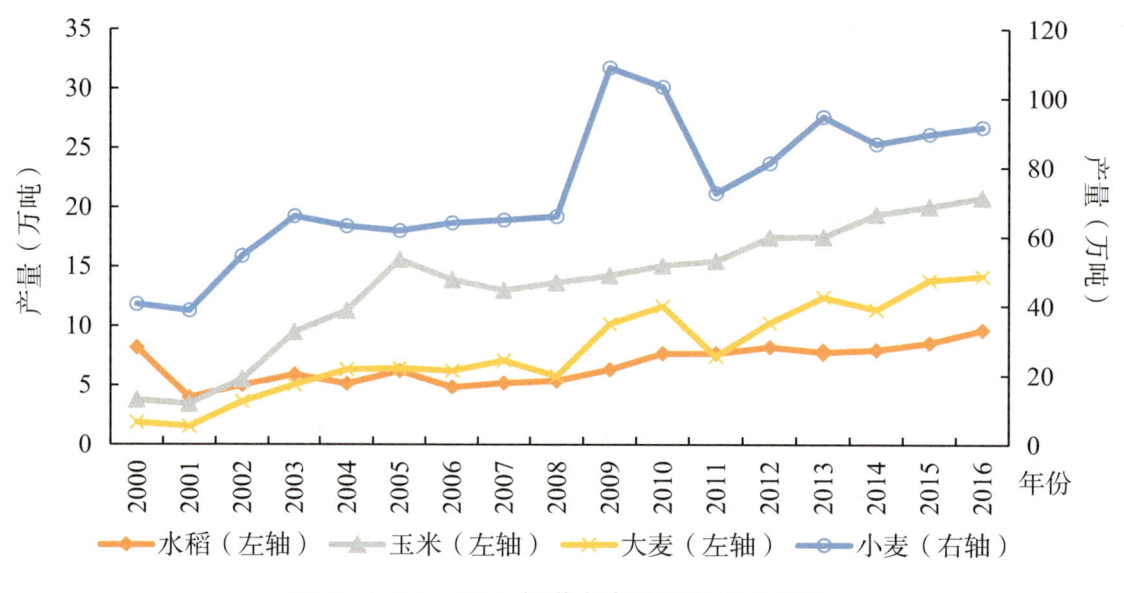

图1　2000—2016年塔吉克斯坦种植业产量

塔吉克斯坦以种植优质细纤维棉花为主。棉花作为最主要的经济作物,其产值占农业产值的60%,在国民经济中有着举足轻重的地位。从1930年代起,由于苏联政府推行农业集体化和大力提倡种植棉花,在塔西南部地区的瓦赫什和卡菲尔尼甘两河流域大量种植棉花。

此外,塔吉克斯坦还种植蔬菜、水果等。2016年西瓜产量59.42万吨,葡萄21.48万吨,苹果产量22.29万吨,马铃薯产量89.81万吨,干洋葱55.70万吨,番茄36.15万吨,胡萝卜和白萝卜30.14万吨。

(2) 畜牧业

畜牧业以养牛业和养羊业为主。养牛业和养羊业是畜牧业中的传统部门,主要提供肉、奶、皮等畜产品。塔吉克斯坦独立以来,由于饲料严重不足,牲畜存栏头数、主要畜产品产量不大。此外,还有一定数量的养禽业和养马业。近年来,肉、奶、蛋产量有所增加。肉类产量从2000年的1.86万吨增长到2016年的9.77万吨。蛋类产量从2000年1522

吨增长到 2016 年 2.00 万吨，增长幅度加大。奶类产量从 2000 年 30.98 万吨增长到 2016 年的 76.34 万吨。从各品种看，2016 年塔吉克斯坦牛肉产量 3.20 万吨，羊肉产量 5.57 万吨，猪肉 4300 吨，鸡肉 3768 吨。奶类产量 76.34 万吨，其中新鲜牛奶 70.79 万吨，山羊奶 5.55 万吨。蛋类产量 1.92 万吨（表 3）。

表 3　2000—2016 年塔吉克斯坦畜产品产量　　　　　　　　　　（单位：万吨）

年份	奶制品	肉类	蛋类
2000	30.98	2.86	0.15
2001	38.26	3.12	0.23
2002	43.10	3.73	0.26
2003	45.92	4.67	0.32
2004	49.02	5.05	0.44
2005	53.30	5.61	0.55
2006	54.47	5.60	0.59
2007	58.36	5.95	0.62
2008	60.10	6.49	0.85
2009	62.97	7.03	1.06
2010	66.08	7.32	1.31
2011	69.59	7.79	1.43
2012	77.83	8.13	1.63
2013	90.24	8.83	1.92
2014	91.97	10.13	1.79
2015	96.65	10.67	2.00
2016	97.31	11.13	1.85

数据来源：粮农组织统计数据库

（3）主要农业产业布局

种植业及加工中心——瓦赫什河平原。其建设地点主要位于以库尔千秋别、图尔松扎德、努列克和库洛布为节点的瓦赫什河平原。主导产业为农业，主要有植棉业、谷物种植业、畜牧业、园艺业、养蚕业、柑橘种植业和蔬菜种植业等，重点建设项目为食品加工厂、轧棉厂、丝织厂、服装厂、农机作业服务和灌区建设等项目。

农业产加销产业链中心——锡尔河流域。其建设地点主要在以苦盏、乌拉秋别为节点的锡尔河流域。主导产业为农业，包括植棉业、养蚕业、园艺业、葡萄种植业和畜牧业。重点建设项目为轻工企业（丝纺织联合厂、地毯厂、针织厂、服装厂和鞋厂）、食品企业（罐头厂、肉奶制品厂、酒精厂、葡萄酒厂、榨油厂、糖果厂和面粉厂）、灌区和出口基地建设等项目。

科技研发、试验示范及物流中心——苏尔霍布河平原。其建设地点在以杜尚别市、列宁区为节点的苏尔霍布河平原。主导产业为农业，包括畜牧业、马铃薯种植业、园艺业、植棉业、蔬菜种植业和葡萄种植业。重点建设项目有良种繁育基地、农业设施基地、节水灌溉基地、农业科技园区和农机作业展示区。

畜牧业及加工中心——帕米尔高原地带。其建设地点在以霍罗格为节点的喷赤河流域帕米尔高原地带。主导产业为畜牧业和种植业，种植业主要有粮食种植业、养蚕业、园艺业和蔬菜种植业。重点建设项目为食品加工厂（面包、肉、奶加工厂）、服装厂、动物卫生防疫和良种繁育服务及牧草生产基地。

（三）农产品贸易

1. 农产品贸易现状

（1）贸易规模

塔吉克斯坦已同世界几十个国家建立了经济贸易关系，其中有10个为独联体国家，特别是俄罗斯和乌兹别克斯坦最为重要。独联体以外的国家包括欧洲的英国、法国、德国、荷兰、奥地利、瑞士、意大利、瑞典、挪威、波兰、匈牙利、南斯拉夫，亚洲的中国、日本、韩国、土耳其、伊朗、巴基斯坦、阿富汗、越南以及美洲的美国、加拿大等。塔吉克斯坦最大的贸易伙伴是荷兰、瑞士、比利时、伊朗、中国和匈牙利。

2016年，塔吉克斯坦农产品进口额6.30亿美元，其中小麦进口1.85亿美元，原糖进口4550万美元，葵花籽油进口2909万美元，棉籽油进口1834万美元。出口农产品1.00亿美元，其中皮棉出口6004万美元（塔向世界24个国家出口皮棉，俄罗斯在塔对独联体国家的出口中占主导地位），干洋葱出口914万美元，水果干出口415万美元，番茄出口730万美元，葡萄出口151万美元。

（2）贸易产品结构

塔吉克斯坦出口的主要农产品是皮棉、葡萄酒、毛和皮革原料、土特产品、烟草及其制品。1995年，塔吉克斯坦放开了出口产品的价格，其中对棉花主要出口商品采用了新的销售税，取消了一切出口税，在一定程度上激发了商贸机构的积极性。塔吉克斯坦进口的主要农产品主要是粮食，谷物、面粉、植物油、白糖，此外还有糖果点心等。塔吉克斯坦进口的粮食除了来自独联体以外，主要是从荷兰、奥地利、瑞士和意大利等国购买粮食和面粉。

1994年起主要转向从独联体国家进口。

总的来说，作为一个发展中国家，塔吉克斯坦出口的农产品主要是原料型产品，进口的大都是国内短缺的产品，表明其农业对外贸易还处于比较初级的阶段，贸易量也都比较小。

2. 农产品贸易市场结构

（1）进口结构

塔吉克斯坦在四大类农产品中，进口第二大类（植物产品）农产品比例最高，2016年占农产品总贸易额的48.9%，其次是第四大类产品，占比重最低的是第一大类产品（活动物、动物产品）。进口农产品品类主要为小麦、面粉等。

（2）出口结构

塔吉克斯坦出口农产品结构单一，主要出口棉花、水果、蔬菜等。2016年出口量占前3位产品为洋葱、大蒜等葱属蔬菜、原棉和果干食品，出口额分别占出口总额的19.2%、0.9%和0.9%。第三类产品出口没有优势。

3. 中国与其贸易情况

塔吉克斯坦也是中亚五国中与中国农产品双边贸易关系比较密切的国家，近年来两国之间的农产品贸易规模不断扩大，中国对塔吉克斯坦农产品贸易出口额由2000年的26.99万美元增长到2016年的1349.84万美元；进口额由2000年的342.89万美元增长到2015年的1426.53万美元。双边的农产品贸易一直保持着增长趋势。

从贸易结构来看，中塔双边贸易互补性很强，中国进口塔吉克斯坦产品主要有棉花、毛皮等产品，出口塔吉克斯坦农产品主要有苹果、柑橘、梨等林果产品；马铃薯、葱、蒜等蔬菜；牛肉、禽肉、禽蛋等畜禽产品和番茄酱、葡萄酒、果蔬罐头等加工农产品。

（四）农业管理体系与政策

1. 农业科技管理体系

（1）农业大学

塔吉克斯坦农业大学现有学生8500多人，设有9个系31个专业。现与塔吉克斯坦38所大学及国外30多个国家的大学开展广泛的学术交流，与中国农业大学及新疆农业大学也有交流、互访与联系。塔吉克斯坦农业大学校长为新疆农业大学的名誉校长，两所大学计划互派学生交流学习，开展科研、教学、培训等国际交流业务。

塔吉克斯坦农业大学教学试验用地共计1600多公顷，分别位于境内三个区，主要为开展有针对性的科研试验项目而设。其中塔吉克斯坦亚旺区300公顷，适宜种植棉花、小麦、苜蓿等；城郊吉萨尔区300公顷，适宜种植棉花、小麦、大麦、玉米、蔬菜等；瓦何达州

1000多公顷，缺水，适宜种植果树等。

此外，塔吉克斯坦农业大学有农机维修站一个，占地面积约3公顷，有废弃农机库棚、机修车间两栋，有正在使用的办公室及库房5间，有拖拉机、犁、中耕机、耙等农机具10多台，少量机修设备，机修工人约6名。

（2）科研机构

塔吉克斯坦农业科学院是塔吉克斯坦地位最高的农业科研机构之一，院长由总统直接任命。农业科学院下设8个研究所，如种质资源及基因育种研究所、土壤耕作所、园林所、畜牧所、兽医所、生物制剂、农业经济及帕米尔高原试验站等，共有员工1000多人，研究生院为国家培养了很多农业专家。保存有5000~6000种作物品种资源，8~10个葡萄品种，300多种杏树资源。农科院在塔吉克斯坦每个州均设有试验站和分所。在南、北方各设有一个土壤盐碱治理试验站。共有三处试验用地合计3500公顷，位于亚旺区的试验地主要种植棉花及粮食作物，位于吉萨尔区的主要种植棉花、小麦、大麦、苜蓿、玉米等，还有一处主要种植蔬菜、果树。

塔吉克斯坦农业科学院种质资源与基因育种研究所为瑞典援建，成立于2006年，有独立实验室，2010年瑞典建成后交付塔方使用。实验室有存样冰箱30个，办公设备及少量检测仪器均为国际援助。该所有七个国际流动研究站，与俄、日等国科学家共同开展科研工作。该所有10余名农业专家，9名研究生。

塔吉克斯坦农业科学院土壤耕作所是其最具实力的研究所，位于吉萨尔区萨罗拉村，距杜尚别市约10千米左右，交通极为便利。该所共有科研人员及职工400多人，5名科学院院士，研究生以上学历60人，所下设两个试验站，土地面积超过2000公顷。现有办公楼两栋，面积约1500平方米；检验检测仪器设备很少；该所拥有农机站一座，面积约为2公顷，拥有农具库棚、办公室、库房、配电室及农机修理设备等，拥有轮式及链轨式拖拉机、播种机、中耕机、小麦收获机、耕整地等农业机械约20多台（套）。该所在吉萨尔区萨罗拉村拥有试验用地1300公顷，其中山坡地700公顷，平地600公顷。主要种植棉花、小麦、大麦、燕麦、玉米、苜蓿、葱、马铃薯、洋葱、胡萝卜、甜菜及蔬菜等。

2. 农业发展规划

塔吉克斯坦制定了科技发展战略方针，颁布了一系列法律法规和政府命令支持和加强科技力量，例如1998年国家科技与科技政策法，2002年塔吉克斯坦共和国科学院法。塔吉克斯坦进行自然、技术、医学、农学、人文以及科学领域的科研活动是由作为国家科研中心的塔吉克斯坦科学院，农科院，教育学研究院及其他几十个不同领域的科研机构和高等院校来实施的。2006年以来，塔吉克斯坦通过改进耕作方式、改变种植方法、提高机械化程度等途径，大幅提高了主要农作物单产。但是其农作物单产与中国相比仍然普遍较低。

苏联解体后，1992年塔吉克斯坦按照《土地改革法》的规定，把大部分的山坡土地转让给了私营部门农户，1995年10月9日塔吉克斯坦总统签署了《关于把5万公顷土地划给公民发展私营副业经济的命令》，1997年12月1日总统又签发了类似的命令，决定再把2.5万公顷土地划拨给公民发展私营副业经济，到了2007年塔吉克斯坦的土地经营结构已经发生了巨大改变，由1991年国有农场占农用地的98%，转变到2007年私营土地占到了农用地的70%，并且土地经营私有化的趋势还在不断加大。土地私有化不但调动了塔吉克斯坦农民生产的积极性，而且使农业生产和市场更好的结合。同时，塔吉克斯坦政府也在积极寻求国际援助来帮助农业发展，截至2000年，世界银行和国际开发协会向塔吉克斯坦共捐助了6.3亿美元用来发展塔吉克斯坦的农业，此外亚洲开发银行为了帮助塔吉克斯坦农业恢复，于2008—2010年也援助了4000万美元。因此，国外农业援助政策和国内农业政策对塔吉克斯坦农业快速发展起到了直接推动作用。

2016年9月，塔吉克斯坦通过《塔吉克斯坦共和国至2030年国家发展战略》文件，确立了"确保能源安全和高效使用电力能源""将塔吉克斯坦从交通死角转变为重要交通枢纽国家""确保粮食安全和为公众提供高品质食物"以及"扩大生产性就业"四个战略发展目标。其中，农业发展的主要任务是保障自给，实现粮食安全；搞好农作物种子和育种工作，提高农作物单产；发展畜牧业，增加肉制品和奶制品的产量。同时，努力提高农产品储存技术，减少损失和浪费。为此，未来3年用于发展农业的各类拨款总额将超过10亿索莫尼。

2017年5月24日，《塔吉克斯坦共和国至2030年国家发展战略》圆桌会议在上海合作组织秘书处举行。塔吉克斯坦作为中国的友好邻国，早在2014年便与中方签订了共建"丝绸之路经济带"的合作备忘录。《塔吉克斯坦共和国至2030年国家发展战略》与"一带一路"倡议有很多共同之处，二者对接融合，将为两国在能源、交通、贸易、人文等多个领域的深入交流合作激发无限可能。

三、农业投资环境与风险

（一）农业投资环境分析

1. 投资吸引力

外资大多集中在石油、天然气、采矿业及工业等领域，在农业方面的投资较少。根据统计数据显示，2000—2010年，农林牧渔的引资额由5亿美元降至4亿美元，下降了20%，但在食品、烟草等领域的引资规模大幅增加，由2000年的90亿美元增长为2010年的209

亿美元，这些外资主要来源于西方发达国家。中国对塔吉克斯坦的投资近几年呈波动性增长，所占比重不大。

（1）农业机械设备的投资合作

塔吉克斯坦地广人稀，适合发展私营农场经济，但农业生产设备陈旧、机械化程度低，且缺乏资金支持，阻碍了农业发展。一方面，塔吉克斯坦在农业耕作、收割领域对农业机械设备的需求较大，其国内生产的农机设备的数量和性能与较为发达的国家相比存在一定差距。另一方面，塔吉克斯坦受制于陈旧的生产设施、仓储及物流配套场地的不足，农产品加工层次低，难以满足本国需求，大量的加工农产品依赖进口。这些都给外国的农机企业提供了投资合作的大好机遇。

（2）农业生产资料的投资合作

塔吉克斯坦受苏联经济影响，历来重视重工业发展，轻工业发展滞后，加之农业生产物资匮乏、资金短缺，为外商进行农业投资创造了机遇。当前，投资商可以从种子、化肥、农药等基础物资试水进行先期投资，为长久农业合作奠定基础。

（3）农产品加工业的投资合作

塔吉克斯坦受苏联计划经济影响程度极深，企业管理机制陈旧，生产技术水平落后，农产品加工能力不足，难以转化为经济优势。外商可以到塔吉克斯坦建立加工企业，利用当地丰富的畜牧、粮食、园艺等资源进行合作，在毛绒制品、水产品、有机果蔬的生产与加工方面将大有作为。

2. 与投资相关的政策法规

塔吉克斯坦出台了《塔吉克斯坦共和国外商投资法》，制订了一系列吸引外资的优惠政策和措施，从21个方面来保证投资者的权益。主要包括：外商在塔吉克斯坦可自行制定商品价格、销售途径和对外贸易，不受塔政府监管；其获利可继续进行投资再生产；商品价格、销售流程和对外经济活动可自主决定；外资企业可以自由进口经营所需产品；占注册资本30%以上的外资企业出口产品不受许可证限制；依据法律法规，投资者可以在规定期限内使用土地；根据土地法的相关规定，外商可在塔吉克斯坦使用土地长达10年。

目前中国农业银行与塔吉克斯坦第一大银行"塔农业投资银行"签署了《农业领域合作协议》。中国农业银行为塔吉克斯坦农业投资银行在信贷风险管理领域提供技术支持，协助塔农业投资银行完善农业金融产品，提高相关业务风险管控能力，为塔农业投资发展提供高效金融支持。

塔吉克斯坦《外国投资法》第6条规定，在塔吉克斯坦共和国境内进行投资的外国企业，其法律待遇等同或优于塔吉克斯坦共和国公民、企业和组织进行产权投资的相应法律待遇。外国投资者可以依照法律规定的程序参与塔吉克斯坦国有和公共财产的私有化过程。如果外资投放于塔吉克斯坦指定地区或需要优先发展的经济部门，按照法律规定，可以享受额外的税收优惠和其他优惠待遇。在塔吉克斯坦法律规定的范围内，外国投资者和外资企业可以开展任何经营活动。

土地投资政策：塔吉克斯坦《土地法典》规定，小块土地可以固定期限分配给法人和自然人，土地使用的固定期限可以是短期（最多3年）和长期（3—10年）。土地使用者可以根据合同出租土地，土地租约规定，出租土地不能改变土地用途，土地租赁年限长为20年。

农业用地一般可以给农业企业、中型家庭农场和从事农产品生产的行业组织和协会使用。外国公民和外国投资企业依法可以在一定期限内使用（包括租赁）土地，土地使用期限长为50年。但受到特殊保护的土地不允许外国公民和外国企业使用。

此外，只有下述机构才能拥有永久的土地使用权：① 政府和农业合作企业；② 公共和宗教组织（协会）；③ 慈善基金和其他基金会；④ 工业、交通和其他非农业企业，以及合作社、国有企业、机构、组织；⑤ 出于防御目的的考虑；⑥ 合资企业，以及有外国法人实体参与的国际协会和组织；⑦ 公民个人附属农场的附加地块。

农业税收优惠政策：缴纳农产品统一税的纳税人免征下列税种：① 增值税；② 公路税；③ 法人利润税；④ 企业低收入税；⑤ 土地税；⑥ 简化系统税。根据塔吉克斯坦税法的补充规定，对于主要种植棉花的地段减半征收农产品统一税。

（二）农业投资风险分析

1. 总体风险

塔吉克斯坦经济基础薄弱，结构单一。苏联解体后的政治经济危机以及多年内战使塔吉克斯坦经济遭受严重破坏，经济损失总计超过70亿美元。根据塔吉克斯坦统计署的数据，2000年民族和解进程结束时，塔吉克斯坦实际GDP仅为1991年的39.2%，2013年才恢复到独立初期的水平，塔吉克斯坦在民族和解进程顺利结束后政治环境相对较为稳定。

目前，中塔经贸合作中存在的主要问题表现在：① 塔吉克斯坦交通、电力基础设施落后，与邻国关系不睦又使这一问题更加突出。企业货物运输常因气候因素及人为原因受阻，工程承包及投资项目的设备、原材料及产品成本较高，运输周期较长。② 塔吉克斯坦投资环境有待改善。塔吉克政府部门执法过程中随意性较大，这在造成运营成本增加的同时，加大了在塔吉克斯坦中资企业，尤其是中小型企业的经营风险。塔吉克斯坦政府部门办事效率较低，增加经营成本，也使项目启动阶段期限较长。③ 融资难度和成本较大。塔吉克斯坦政府因财力限制，近年举债过多，使政府主导的大型基础设施建设项目的开工受到限制。上述这些不利因素使在塔吉克斯坦中资企业工程项目的获取难度加大，投资类项目赢利困难，也使中塔贸易产品结构的层次较低。

世界经济论坛《2018年全球竞争力报告》显示，塔吉克斯坦在全球最具竞争力的140个国家和地区中，居第102位。世界银行发布《2019年营商环境报告》显示，塔吉克斯坦在全球190个经济体中营商容易度排名第126位。

2. 制度风险

相比于中亚其他国家，塔吉克斯坦经济较为贫弱，然而其地理位置极为重要。当前塔吉克斯坦的政治风险主要来自于三方面。

一是阿富汗带来的国内安全局势。塔吉克斯坦与阿富汗有着漫长的边境线，由于国力的原因，塔吉克斯坦始终无法有效地保障其边境的安全。

二是境外大国博弈带来的政治风险。

三是地域利益集团冲突带来的政治风险。尽管内战已经结束，但是塔吉克斯坦的地域政治集团冲突问题并未得到解决。

各地方不仅交通不便（其北部地区只能通过跨境铁路与首都杜尚别相联），而且在利益上彼此疏离甚至冲突。从某种意义上来说，塔吉克斯坦是个天然有利于地方割据不利于中央集权的国家，更适合以松散的区域组合来维持国内和平。在这种国家推行强力的总统制以促进中央集权，很可能引发地方势力的强烈反弹。

3. 经济风险

中国到塔吉克斯坦进行农业投资和合作，还面临着巨大的经济风险，如价格风险、汇率风险等。塔吉克斯坦没有强劲的经济基础做后盾，经济发展缓慢，甚至负债累累，居民收入较低，消费能力不高，导致投资环境不够理想。中亚五国中，塔吉克斯坦经济实力相对较弱，自然资源缺乏，发展经济的后劲不足，目前持有较高的外债数额，一度超过国内生产总值的80%，由于国家财政水平较低，不得不依赖国际援助缓解国内困难的经济形势。塔吉克斯坦是中亚最贫穷的国家之一，高居不下的基尼系数使得国民收入差距较大，民众生活质量得不到提高。此外，根据塔吉克斯坦529号政府令，规定从2008年10月31日起，对外来劳工实行工作许可证制度；同时规定外资企业中外籍工作人员比例不能超过30%。2016年以来，对外国工作人员比例进行限制，基本达到1∶9的用工比例。这给企业在当地开展经营管理活动造成了一定阻碍。

4. 法律风险

塔吉克斯坦出台了针对外商投资的法律，以达到规范化管理，并提供相应的优惠政策。然而，这些投资政策经常变动，使得外商直接投资面临许多不稳定因素。另外，塔吉克斯坦市场存在诸多投资壁垒，加大了外商直接投资的难度。更为现实和困难的问题是，中亚各国都有着严格的劳务配额制度，限制了外商直接投资力度。

5. 自然风险

塔吉克斯坦深居内陆，缺少出海口，而航空运输成本太高，因此大宗货物只能依靠铁路和公路运输，加大了运输成本风险。塔吉克斯坦基础设施比较落后，没有国际铁路运输线，交通不便利，使得进出口运输成本很高。有效灌溉面积方面，塔吉克斯坦最差。通信设施方面，塔吉克斯坦表现最弱。中亚五国除哈萨克斯坦外，计算机装备普遍较差，需要大规模更新。中亚国家基础设施条件落后已经成为阻碍吸引外资、扩大经贸合作的主要原因。

6. 综合风险分析

塔吉克斯坦在政治、经济及社会发展方面存在许多不稳定因素，外国农业企业可能会面临一些政治的、法律法规的风险；同时，也由于中国企业迈向国际市场方面缺乏经验，需要进行长期的摸索和学习。但是，不能就此阻断投资的步伐，应当采取鼓励的政策和措施，推动中国农业企业到塔吉克斯坦直接投资。只有抓住当前经济发展的关键时机，发挥双方在农业合作方面的互补性和互利性，努力推动更高层次、更广领域的农业投资合作，就能够更大范围的开拓中亚市场，最终实现共赢局面。

四、中塔农业合作现状与特点

（一）农业合作现状

1. 合作机制

塔吉克斯坦是上海合作组织重要成员国之一，具有丰富的农业自然资源，中塔不仅地理上是近邻，而且在农业领域具有较好的互补性和互利性，合作潜力巨大。近年来，中塔两国农业合作发展迅速。2010年签署的《上海合作组织成员国政府间农业合作协定》明确了各成员国将在种植业、畜牧业、农产品加工与贸易、农业机械制造及农业科研等领域开展合作。2011年8月，双方签署了《中塔两国农业合作谅解备忘录》。2012年4月，中塔农业合作委员会第一次会议在北京召开，中国农业部副部长牛盾、塔吉克斯坦农业部副部长苏尔冬诺约波夫分别率队出席会议。苏尔冬诺约波夫希望在农业技术示范和种子等方面继续得到中国的支持和帮助，并希望与中国进一步加强在人员培训、农业机械、滴灌技术、种植业等领域的交流与合作。2010年塔吉克斯坦和中国新疆还签订了《2010—2015年中国新疆维吾尔自治区人民政府与塔吉克斯坦共和国农业部农业合作意向》协议，旨在向塔吉克斯坦推广棉花栽培和育种新技术。

2. 科技合作

2011年河南经研银海种业有限公司与塔吉克斯坦签署了《河南省经研银海种业有限公司与塔吉克斯坦农业部全面农业合作协议书》，并与哈德隆州签订了600公顷使用权限49年的土地合同，在种植作物的同时，对当地农民开展技术培训，受到了当地农民的热烈欢迎，赢得了良好的社会声誉。新疆生产建设兵团海力公司与哈德隆州签订133.3公顷使用权限15年的土地合同，目前，种植的水稻单产达到6000千克/公顷，为当地当年平均水平的4倍，目前正在规划完善后续的加工、仓储和销售环节。

农业人力资源开发领域的合作是中国与塔吉克斯坦农业合作的重点之一，双方的合作主要以我国政府对其开展无偿技术援助为主。塔吉克斯坦独立后，因受经济危机影响，科研经费严重短缺，农业科学技术出现了前所未有的微缩状况。首先，科研人员锐减，科技潜力急剧下降。在农业科技研究部门工作的研究人员大量流失，一部分回到俄罗斯，有的则流向西方国家。其次，资金严重短缺，严重影响农业科学技术的发展。由于科研机构的资金来源主要靠政府拨款，特别是对基础研究部门来说，拨款是唯一的资金来源，而国家资金十分紧缺，无力为研究和开发提供所需要的资金，因此，科研工作几乎无法正常开展，农业科学研究遭受的损失十分严重。而中国是传统的农业生产大国，拥有较多的农业科研机构和雄厚的科研力量，已经形成了一套比较完整的农业技术推广体系，在种植业、养殖业和农产品加工方面积累了丰富的经验。中国的农业生产方式、农业生产技术特别适合于操作和应用，在许多发展中国家较为适用。与中国建交以来，农业科技教育人才的交流与合作成为了两国农业合作中的重要部分，中国不断地对塔吉克斯坦农业投入大量的资金，在本地建设基地，在农业科技领域开展各项交流，而塔吉克斯坦在培养农业科技人才方面得到中国政府支持，并取得了良好的效果。

如中国新疆"天业"股份公司在塔吉克斯坦索格特州尝试推广了新的节水灌溉系统，该技术使塔的农业节省了70%的灌溉水源和30%的肥料，同时增产218%。2010年8月，塔吉克斯坦农业访问团参观考察了中国宁海县循环农业示范园区——宁海县青珠农场的核心区金龙浦农业合作社。2012年中国新疆维吾尔自治区为塔方提供农业技术援助与合作，塔方14名农业技术人员于6月14日至23日来疆参加为期10天的农业实用技术培训及实地观摩考察等。2011年8月，中塔农业部长举行会晤，双方签署了《中塔两国农业合作谅解备忘录》。塔方希望今后在农业技术、种子和人员培训等方面继续得到中方的支持和帮助。为充分发挥新疆区位优势，加强新疆与塔吉克在农机租赁、农业项目和农产品进出口等方面的合作，2013年4月18日，新疆维吾尔自治区商务厅代表团访问塔吉克并与塔农业部举行会谈，双方就从塔吉克进口樱桃和柠檬等农产品、植物检疫及开展农机租赁等问题充分交换了意见并达成共识，双方表示将共同努力争取年内实现塔樱桃首次对华出口。新疆代表团还考察了塔吉克农业种植区、番茄酱生产企业等。

3. 贸易合作

按塔方统计，中国是塔吉克斯坦第三大贸易伙伴，占塔贸易总额的 13.1%。中国自塔主要进口商品有：棉花、生皮及皮革、水果及坚果等。中国在塔吉克斯坦的农产品对外贸易中出口是占主导地位的，中国对塔吉克斯坦的农产品对外贸易一直是顺差，而且呈现不断增长的趋势。中国出口到塔吉克斯坦的农产品中第二类（植物产品）占主导地位，已成为最有优势的农产品。没有优势的是第三类（动、植物油、脂及其分解产品，精制的食用油脂，动、植物蜡）。

4. 投资合作

2012年4月中国农业部及新疆维吾尔自治区向塔吉克斯坦援助了25辆农用拖拉机车辆。自2005年以来，中国商务部、科技部、农业部等部门连续举办了包括塔吉克斯坦在内的中亚国家农业技术培训班，针对农业种植、农产品加工等不同主题对塔吉克斯坦农业部门管理人员、基层农业技术人员进行技术培训。中国—塔吉克斯坦农业技术示范中心是中塔两国领导人商定的双边项目，同时也是中国在亚洲区域启动的新一轮援外综合性农业技术示范中心项目中的第一个项目。2012年3月，中国农业部对外经济合作中心组团赴塔吉克斯坦就中国援助塔吉克斯坦农业技术示范中心项目进行了可行性考察，选定哈特隆州博合塔拉区的法伊扎里·萨伊托娃农场地块为示范中心建设地点，确定的示范内容以种植业以及养殖业为主。

（二）农业合作潜力

1. 合作基础

（1）中塔农业科技合作具有良好的政治环境

塔吉克斯坦曾是原苏联15个加盟共和国之一，1990年8月24日，塔吉克最高苏维埃发表主权宣言。1991年8月底国家更名为塔吉克斯坦共和国，同年9月9日宣布独立，12月加入独联体。塔吉克斯坦同时还是集体安全条约组织、欧洲安全合作组织、北约"和平伙伴关系"计划、伊斯兰合作组织、上海合作组织成员国。塔中关系和发展前景建立在友好和互利合作原则基础上。双方就双边关系的重要问题和亟待解决的国际问题经常交换意见。共同为发展政治上相互协助和经济上互利合作奠定了可靠的法律基础。

自1992年1月4日建交以来，中塔两国睦邻友好关系持续稳步发展，高层互访频繁。两国领导人先后签订了《中华人民共和国和塔吉克斯坦共和国关于进一步发展两国睦邻友好和互利合作关系的联合声明》《中华人民共和国和塔吉克斯坦共和国联合声明》、经济贸易关系协定、环境保护合作协定、通信合作议定书、教育合作协议等多个涉及各个领域的文件。

2014年，为共建"一带一路"，习近平主席的中亚南亚之行始于塔吉克斯坦。双方以共建丝绸之路经济带为契机，加强油气、电力、经贸、交通基础设施建设等领域合作，提高互联互通水平，建设好中国—中亚天然气管道，未来5年将双边贸易额提升至30亿美元。

随着两国领导人的频繁往来，双方政治互信不断加深，在农业、科技、能源、人文、安全等各领域合作不断深化。为今后两国关系的更加密切、共同发展打好基础。

（2）中塔两国农业科技合作具有良好的经济基础

塔吉克斯坦是中国的近邻，两国有着传统的友谊和睦邻友好关系。中塔两国建交以来，政治友好，关系融洽，双方高层领导人互访不断，民间人士往来频繁，各方面的交往不断增加，双边经贸合作持续稳定健康发展。特别是中塔经贸混委会机制的建立和上海合作组织经贸合作框架的形成为两国的经济贸易往来奠定了坚实基础。中塔两国建交以来的进出口贸易不断的扩大，贸易额不断增加。

（3）两国农业资源具有很强的互补性

根据要素禀赋理论，一国在生产和贸易上的比较优势是由这个国家的各类生产要素的禀赋状况决定的，而各国拥有的生产要素的相对充裕程度决定了各国经济上的互补性。正是这种互补性，是国与国之间生产贸易和经济合作的主要原因。从两国农业资源特征来看，塔吉克斯坦水力资源比较丰富，可耕地面积不到10%，而且塔吉克斯坦农业劳动力的欠缺是一个大问题。中国是一个农业大国，与塔吉克斯坦相比，耕地面积、农业劳动力等方面有绝对的优势，尤其是农业劳动力远远高于塔吉克斯坦。可见，两个国家在农业资源上面有一定的互补性。

2. 合作前景

塔吉克斯坦对中国改革开放取得的成就，特别是对中国农业发展取得的成果给予高度评价，从政府到民间对中国都非常友好，希望多方面从中国得到帮助。此外，由于中国与塔吉克斯坦特殊的地缘关系，加强与塔吉克斯坦的合作，在外交层面上也具有重要的战略意义。因此，中塔两国开展农业合作交流前景良好。

（1）良好的政治互信宏观环境

中国和塔吉克斯坦均为上海合作组织成员国，是重要的战略合作伙伴。中塔建交以来，两国睦邻友好合作关系发展取得重大成果。2007年1月15日两国元首共同签署《中华人民共和国和塔吉克斯坦共和国睦邻友好合作条约》，为两国关系发展奠定了坚实的法律基础。作为新型国际组织，上海合作组织的建立和发展，展示了不同文明背景、传统文化差异的国家通过互尊互信实现和平共处、团结合作的巨大潜力。2012年6月，上海合作组织成员国元首理事会第十二次会议在北京召开，其影响力日益被世界所关注。会议签署的《中华人民共和国和塔吉克斯坦共和国联合宣言》中提出：双方一致认为，扩大农业领域合作是两国合作的优先方向之一。双方将进一步发挥两国农业合作委员会的作用，在农作物种植和良种推广、灌溉技术、农业机械、农业技术交流等方面开展合作。

（2）迫切的粮食安全保障需求

塔吉克斯坦是以农业生产为主的国家，农业是国民经济的主导产业，农业收入占国民收入的一半以上，从业人口占国家总人口的70%以上。由于历史的原因，塔吉克斯坦农业发展较为落后，粮食不能自给，每年需要进口大量粮食保障国内供给，粮食安全水平低。目前，塔吉克斯坦正处于由传统农业向现代农业发展的阶段，急需引进先进的农业技术与装备。中国与塔吉克斯坦山水相连，在中国新疆地区还居住着塔吉克族居民，两国人民友谊源远流长，塔吉克斯坦从农民、科研人员到政府高层领导均表达出与中国开展合作交流的迫切愿望。

（3）可借鉴的中国农业发展成功经验

中国自古以农立国，具有上万年的农业发展史，在种植、养殖和农产品加工等方面积累了丰富的经验，并拥有当今世界领先的农耕技术。过去50年，尤其是改革开放后的30年，中国在农业发展上取得了举世瞩目的成就。中国人口虽然增加了2.4倍，但农业生产发展速度超过了人口的增速，居民生活必需的谷物及肉、蛋、奶、菜等农产品供应充足。中国创造了用占世界7%的耕地，养活了占世界22%人口的奇迹。中国在统筹城乡经济发展、建设现代农业、发展农村经济、增加农民收入等方面，拥有许多可供借鉴的成功经验。塔吉克斯坦与中国新疆毗邻，农业种植与养殖习惯以及自然条件与中国新疆相似，可以借鉴中国农业发展的经验。

（4）颇具活力的中资企业保证了企业"走出去"前景

与建筑、电力、食品等行业相比，中国对塔吉克斯坦农业合作尚未只有少数企业进入到该领域，并且正处于探索之中。目前已在塔吉克斯坦投资农业的中资企业，如河南经研银海种业有限公司和中国新疆生产建设兵团海力公司，为中塔开展深度农业合作奠定了实践基础。

（三）农业合作重点

1. 重点合作领域

（1）农业投资——农机、养殖

从表面上看，中国对塔吉克斯坦的投资大多数是援助性的，非营利性的投资，2016年塔吉克斯坦接受了来自55个国家的17648.7吨无偿援助，合计5580.47万美元。主要援助塔吉克斯坦的国家有：俄罗斯（占比25.9%）、中国（24%）、塞尔维亚（8.2%）、印度（7.7%）、瑞士（4.3%）、土尔其（3.8%）、比利时（3.1%）和韩国（2.2%）等。过去十几年中国向塔吉克斯坦提供过3笔优惠贷款，分别用于中塔合资杜尚别卷烟厂技术改造项目、中塔合资"利事达"纺纱厂及农业领域和中小企业发展。目前，塔吉克斯坦的外国投资主要集中在交通、电力及基础设施方面，农业方面的投资很少。此外气候条件、农业耕地少等因素都成为制约塔吉克斯坦农业发展的重要原因。但塔吉克斯坦对粮食、果蔬等农产品和农机、肥料等的需求是一个良好的投资空间。此外，塔吉克斯坦政府为了吸引外国投资和保证外国企业的经营权利，也提出一系列优惠政策，为国外企业提供法律保障。

中国政府和企业将可以投资于塔吉克斯坦的农产品加工、组织农业技术服务站、农机租让、农机维修、运输服务等方面。而且塔吉克斯坦的经济水平较低，以上的投资项目所需投资额不是很高，中国有些中型企业也可以去投资。

中国企业在塔吉克斯坦农业领域可以投资且比较有效的项目有合资生产小型拖拉机和生产新品种的家蚕。第一，塔吉克斯坦的耕地呈丘陵状，没有很大连片的开阔地，因此发展小型拖拉机，装载喷药、播种等各种农业机械比较适合塔吉克斯坦的实际情况。第二，在养蚕方面开展合作，塔吉克斯坦在养蚕方面有优势，有着养蚕得天独厚的条件。因此在原有基础上合作生产蚕卵，发展养蚕业也是中国企业在塔吉克斯坦首先的投资项目。

（2）农产品贸易——农产品加工

农产品贸易领域上，中塔两国的合作就是以一般贸易和边境贸易为主，至今两国农产品合作仍然是简单的交易方式来进行，农产品加工业方面没有进步，而农产品加工业是促进两国之间农产品贸易及农业经济合作的主要项目。

农产品加工项目是中国与中亚国家农业合作中最常见的一种投资合作形式，而中国不少企业在中亚国家从事农产品加工及销售。尤其是中国新疆与中亚国家直接接壤，因此很多企业在中国新疆建设农产品加工及出口基地，从中国新疆各类口岸直接出口到中亚国家，有些企业在中亚国家投资建厂或与当地企业合资从事农产品加工行业，但中国与塔吉克斯坦之间的合作中没有农产品加工项目。塔吉克斯坦气候及土壤条件适宜优质蔬菜、水果的生长，这是塔吉克斯坦农业的一大特色。但蔬菜、水果不能长时间储藏、又不适合远距离运输，因此有必要加工成下游产品。目前，塔吉克斯坦基本上没有规模化的蔬菜、水果加工企业，而且加工、包装技术落后。这就是发展农产品贸易及农业合作的一个空间。中国企业可以去塔吉克斯坦当地建立小型的农产加工车间，先从简单的初加工开始，慢慢地发展起来。

塔吉克斯坦盛产优质蜂蜜，随着服务业的发展，目前在塔吉克斯坦市场越发需要不同克重的便携式小包装蜂蜜。而且在塔吉克斯坦市场销售的果汁基本来自俄罗斯及欧洲等其他国家和地区，这不符合塔吉克斯坦盛产水果的现实。因此，中国企业把握好机会，充分利用地缘优势，在塔吉克斯坦建立小型蜂蜜、果汁加工厂，从事加工、销售。

中国对塔吉克斯坦开放的陆路口岸——卡拉苏口岸，这是中国与塔吉克斯坦之间唯一的口岸，该口岸位于新疆维吾尔自治区塔什库尔干塔吉克自治县西北部，由于这里的人们跟塔吉克斯坦人有共同的语言、文化及习俗，而且新疆是一个瓜果之乡，中国政府可以在卡拉苏口岸建设一个农产品出口加工基地，对本地果蔬进行加工，生产果汁、加工食品等产品出口到塔吉克斯坦，增多两国双边农产品贸易。

（3）农业科技合作——农业技术推广与服务

中国同中亚五国的技术交流不同于中国同西方国家的技术交流。在同西方国家的技术交流中，中国强调的是引进，输出的则不多，而同中亚国家，尤其是塔吉克斯坦中国绝大多数是输出。中国对塔吉克斯坦推广的农业技术主要包括农作物种植、栽培、管理及农业生产资料生产等。例如，塔吉克斯坦每年需要进口大量的粮食及果蔬产品，中国杂交水稻技术处于世界领先水平，大棚、灌溉等农业技术水平比较发达，可以与塔吉克斯坦合作栽培大棚果蔬，完全有能力向塔吉克斯坦推广。还有其他农作物的种植、栽培技术和其他有关方面的技术也可以向塔吉克斯坦推广。而塔吉克斯坦在棉花和养蚕上具有技术优势，中国可以引进和吸收对方有优势的生产。如塔吉克斯坦同中国新疆、甘肃等西北地区无论从气候上还是人文环境上都有很大的相似性，因此可以在这些地区推广塔吉克斯坦的棉花培育技术，在种苗移植、生产技术人员培训等方面与中国展开交流及各种合作。除了以上的农业生产技术的合作，中国还可以与塔吉克斯坦在农产品深加工、储藏及运输等方面开展各类合作。如果蔬、粮食产品在塔吉克斯坦国内的需求巨大，但受气候的影响，水果不能长时间储藏，中国在农产品加工及储藏方面有优势，因此可以在这方面与塔吉克斯坦开展技术交流和人员培养等合作。

2. 重点项目

（1）农业示范中心项目

据了解，由中国援建塔吉克斯坦的农业示范中心，是中国农业"走出去"在中亚实施的第一个试点项目。项目示范区位于塔吉克斯坦南部喀特隆州，距首都杜尚别60千米。其气候、土壤等自然条件适宜发展水稻、棉花等作物以及牛、羊等畜牧养殖。附近农户和城镇较多，为推广新品种、新技术提供了良好的平台和载体，有利于技术示范的发挥、辐射和带动。中国新疆兵团设计院海力公司在该国试种的600亩水稻获得丰收，为示范中心建设提供了宝贵经验和有利条件。该项目采用"政府搭台＋科研合作＋市场化运作"的模式，使合作双方在农业科技领域展开深层次的交流与合作，将新疆兵团在种植、养殖、农产品加工、农业机械等领域的农业科技优势与塔吉克斯坦得天独厚的水土资源优势相结合。将新疆兵团先进适用的农业技术在塔吉克斯坦农业生产中进行推广应用，带动当地农民提高农业生产水平和经济收入，推动塔吉克斯坦农业发展和农业综合生产能力的提高。

（2）农业纺织产业园项目

中泰新丝路塔吉克斯坦农业纺织产业园项目是中国中泰集团投资20亿元在塔吉克斯坦哈特隆州建设的世界水平现代纺织产业园区，是中国中泰集团紧紧围绕"一带一路"倡议，认真贯彻落实中国新疆"支持企业链条式转移、集群化发展、园区式经营"的精神，与塔吉克斯坦国家工业和新技术部签署的合作项目。该项目在考察、筹备、启动以及建设期间，得到了中国和塔吉克斯坦的高度重视和大力支持，被列入塔吉克斯坦的国家项目以及"中塔合作重点项目"。

（四）合作方式

中国与塔吉克斯坦的农业合作依然是以援助为主，是中国政府无偿性的援助给塔吉克斯坦发展农业，而且合作方式简单，只是政府之间的合作。两国之间的农业合作还可以采取民间合作和政府合作并存的形式，两国的企业和民间商人在两国农业合作中必须发挥自己的作用。另外，还可以借鉴一些成功的合作方式。如双方在塔吉克斯坦境内共建"中国—塔吉克斯坦农业合作园区"。

1. 以政府为主导，鼓励民间合作

不管是中塔两国间的农业经济合作或是其他领域方面的合作，以政府之间的合作为主。今后的合作当中，政府还是要占主导地位，为民间企业及商人创造相互投资机会，提供有利的投资环境，要推动两国企业之间的合并、合资等合作方式。要鼓励企业和商人参与农业经济合作，改变只以政府合作为主的合作方式，多给民间合作创造机会。

2. 农业经济合作模式创新发展

可以采取中国与非洲、中国与东盟国家之间的一些合作模式。如建立农业技术试验示范区，中国在大棚技术上有优势，在塔吉克斯坦境内合作建立技术示范区，让中国有优势的技术给塔吉克斯坦农民推广，吸收塔吉克斯坦在生产优质棉花等方面的技术，相互交流。

中国与塔吉克斯坦未来开展农业经贸合作具有一定的优势。一是在农业直接投资领域方面，塔吉克斯坦仍然是个以农牧业为主的国家，但农业机械化程度、农业技术等方面还是比较落后，需要农业生产方面的投入和援助；二是在农产品加工方面，中国企业可在塔吉克斯坦可开展果蔬深加工、食品加工方面的合作；三是在农业技术合作方面，中国在农业科技，尤其是大棚、灌水等方面具有一定的优势，为开展两国农业技术交流、人才培养奠定了较好基础。

五、中塔农业合作建议

（一）促进双边农产品贸易的建议

1. 优化农产品出口结构

中塔两国农产品贸易方式简单，结构单一。因此，中国想要扩展中塔农业经贸合作，首先应积极调整出口农产品结构，考虑对方市场的需求，尽量根据对方市场的需求来选择出口农产品，如果蔬、加工食品等，创建自己的品牌以提高农产品的竞争力；其次，在保持自己在塔吉克斯坦已有市场的同时，积极开发占领新的农产品市场，加强与其他发展中国家的农产品贸易关系。然后扩展双边农业领域的合作及人才交流，互相了解对方的实际状况，并进一步加强商检、海关、电子商务等方面的贸易和投资便利化，促进农产品贸易。

2. 便利进出口建设服务

便于双方农产品贸易的加强，想要中国充分享受到塔吉克斯坦等中亚市场的好处，有必要扩展两国之间的交通运输渠道。塔吉克斯坦与中国农产品贸易乃至农产品贸易在中国对外贸易中所占比重较小，原因之一就是流通环节不畅所致。中国与塔吉克斯坦没有直接铁路运输，只能用公路运输。且只从一个口岸（卡拉苏口岸）进行进出口。因此政府应加大对交通设施的投资力度，致力于基础设施建设，尤其是交通设施的完善。要逐步推动建设公路和铁路运输系统。在区域合作的框架下，无论在交通运输的技术领域还是经营领域应制定统一的标准，减少因标准不一致造成的运输衔接中的不和谐，时间、财力的浪费，改善运输装备，提高运输效率，降低运输成本。同时要强化口岸建设，构建配套系统，建成贸易便利口岸，改善口岸的服务设施。要进一步改善农产品贸易服务体系，减低农产品贸易的成本和风险。

3. 促进双边农产品贸易及方式

目前，中塔双方之间的农产品贸易仍然是以一般贸易及边境贸易方式为主，这两种方式已经过时，现在的农产品贸易比较注重的是农产品加工贸易，中国与塔吉克斯坦完全有能力发展农产品加工贸易，如塔吉克斯坦生产优质的蜂蜜和水果，但塔吉克斯坦国内市场销售的果汁等产品都从其他国家进口，这不符合当地的实际情况。中国与塔吉克斯坦是直接接壤的，而两国之间建有卡拉苏口岸，可以在口岸建设农产品出口加工基地，因此双方可充分利用这一优势发展农产品加工贸易，此外，中国鼓励跨国企业去塔吉克斯坦发展农产品加工业，当地加工，当地销售。中国可好好利用两国之间的卡拉苏口岸在两国贸易当中的作用，发展口岸贸易等。

（二）加强农业投资合作的建议

1. 加强信息沟通与交流

中国与塔吉克斯坦需要进一步强化交流与合作意识，建立更多的交流途径，确保双方信息沟通，加强理解与合作，促进合作共赢。政府间交流是农业合作与交流的基础和前提，中国与塔吉克斯坦农业合作需要政府高位推动，应该从国家政府层面积极协调与两国的合作，签署一系列农业合作协定，建立农业投资的对话机制，保障双方或多方农业合作与交流的稳定性和可靠性。要注重企业在合作中的中介作用，为两国企业的相互了解和合作提供一个交流平台，让更多的企业参与到农业合作当中，引导他们，为企业创造机会，提供便利环境。

2. 扩展农业合作领域

目前中塔两国之间的农业合作不断扩展，但农业合作领域还很狭窄，只是在表面上的合作，如劳动力的输出、简单的农业技术交流和举办产品展览等。因此，要加强与塔吉克斯坦之间的农业合作关系，中国必须先扩展合作领域，增加农业投资。塔吉克斯坦在农业方面还比较落后，需要投资和援助。尤其是农业机械化、肥料短缺，农产品加工困难等问题亟待解决，中国可以考虑对方农业生产和加工方面的问题和市场需求，通过有效的合作方式与塔吉克斯坦合作，加强两国之间农业合作关系。

3. 拓展农业合作模式

中塔两国目前采取的还是一些原有的合作模式，与其他国家与地区相比，合作方式上已形成了差距。因此两国政府要注重之间的合作方式，要考虑各自现有的条件，借鉴其他地区和国家成功的合作模式，吸收他们在合作当中的经验和教训，选择适合实际情况的合作模式，进行合作，巩固之间的农业合作关系。此外，政府要调整双方之间的合作方式，不能只靠政府援助，要多鼓励民间企业积极参与中塔农业经济合作，加强两国企业之间的交流及合作，发挥各自的优势。

参考文献

刘启芸.2000.塔吉克斯坦的经济状况与政策［J］.东欧中亚市场研究，（2）：51-61.

杨　照.2013.塔吉克斯坦农业发展及中塔农业合作探析［J］.俄罗斯中亚东欧市场，（2）：47-57.

牛海生，克玉木·米吉提，徐文修，等.2013.塔吉克斯坦农业资源与农业发展分析［J］.世界农业，（4）：119-123.

于　敏，柏　娜，姜　晔.2017."一带一路"背景下的中塔农业合作［J］.中国经贸导刊（理论版），（29）：21-23.

师维军.2015.中（新疆）塔农业科技合作的机遇与挑战研究［J］.新疆农业科学，52（7）：1368-1372.

张玉华，向　欣，周　捷，等.2013.中国—塔吉克斯坦农业合作现状及前景展望［J］.世界农业，（6）：111-113，164.

赵青松.2013.中国与塔吉克斯坦经贸合作的历史、现状及前景［J］.欧亚经济，（6）：57-66.

张　慧.2015.中国与塔吉克斯坦农业经贸合作现状及前景分析［J］.世界农业，（3）：123-126，166.

杨　易.2012.农业"走出去"重点国家农业投资合作政策法规及鼓励措施概况［M］.北京：中国农业出版社.